FAÇA AS PAZES COM O DINHEIRO

RUBIA GOUVEIA

FAÇA AS PAZES COM O DINHEIRO

Descomplique sua vida financeira a partir das suas relações pessoais

Editora Cultrix
SÃO PAULO

1ª edição 2025.

Imagens: Freepik, com alterações; p. 231 - ChatGPT; fotos do arquivo pessoal.

Editor: Adilson Silva Ramachandra
Gerente editorial: Roseli de S. Ferraz
Preparação de originais: Carolina Itimura de Camargo
Gerente de produção editorial: Indiara Faria Kayo
Editoração eletrônica: Cauê Veroneze Rosa
Revisão: Erika Alonso

Dados Internacionais de Catalogação na Publicação (CIP)
(Câmara Brasileira do Livro, SP, Brasil)

Gouveia, Rubia

Faça as pazes com o dinheiro : descomplique sua vida financeira a partir das relações pessoais / Rubia Gouveia. -- 1. ed. -- São Paulo : Editora Cultrix, 2025.

ISBN 978-65-5736-367-6

1. Desenvolvimento pessoal 2. Dinheiro - Administração 3. Educação financeira 4. Finanças pessoais - Planejamento 5. Investimentos 6. Mentalidade positiva I. Título.

25-254850 CDD-332.6

Índices para catálogo sistemático:

1. Educação financeira : Economia 332.6

Aline Graziele Benitez - Bibliotecária - CRB-1/3129

Direitos de publicação adquiridos com exclusividade pela
EDITORA PENSAMENTO-CULTRIX LTDA.
Rua Dr. Mário Vicente, 368 — 04270-000 — São Paulo, SP
Fone: (11) 2066-9000
http://www.editoracultrix.com.br
E-mail: atendimento@editoracultrix.com.br
Foi feito o depósito legal.

DEDICO ESTE LIVRO À MINHA MÃE,
AO MEU PAI E A TODOS OS MEUS ANCESTRAIS.

SUMÁRIO

Agradecimentos

Nestes agradecimentos iniciais, gostaria de honrar todas as pessoas que passaram pela minha vida. Foi esse sistema, do jeito que se apresentou a mim, com suas dores e suas alegrias, que me ensinou tudo o que compartilho aqui. Mas agradeço especialmente aos professores e às professoras que carregam a maior responsabilidade do mundo: a de educar e melhorar vidas. E, para mim, só a educação libertadora – e com afeto – é capaz de mudar o mundo.

Quero agradecer também às únicas pessoas que acessaram este livro antes da publicação, fazendo apontamentos e críticas em suas leituras. Que sorte a minha ter o olhar de vocês aqui. Vocês me deram a coragem que faltava: minha amiga de vida Cindy Carbonari e minha anja Maria Lima.

Introdução

Meu objetivo ao escrever este livro

Após uma ótima trajetória do que é considerado sucesso no mundo corporativo, e por meio de grandes mudanças pessoais que enfrentei – as quais vou compartilhar com vocês no Capítulo 1 –, acabei adquirindo um vasto conhecimento sobre finanças pessoais, passando a criticar de forma dura a maioria das teorias que encontrei nessa jornada: fórmulas já prontas e a ideia engessada de disciplina, controle e organização. Vale registrar aqui que sou indisciplinada, descontrolada e desorganizada. Então, nada funcionava para mim, e eu achava muito injusto que somente as pessoas disciplinadas pudessem ter uma boa saúde financeira em suas vidas.

Se planilhas financeiras fossem o bastante, muita gente já teria saído do cheque especial ou construído algum patrimônio. Elas são gratuitas e bem fáceis de encontrar numa busca rápida no Google. Mas sabemos que a realidade brasileira é bem diferente da realidade exposta na maioria dos livros sobre "como conseguir seu primeiro milhão de forma rápida, organizada e eficiente", não é mesmo?

Para se ter uma ideia, em março de 2022 o endividamento pessoal foi o maior em doze anos, atingindo 77,5% das famílias no Brasil. Tem gente que faz planilha todo mês, sem falhar, só para atestar que passou do orçamento. E continua fazendo todo mês a mesma coisa. Nós não somos "planilhas", meu povo, e elas não comportam o que está por trás das nossas escolhas de gastos. Não existe planilha no mundo que salve a saúde financeira de uma pessoa que não se nutre com o que há de mais humano em sua vida, que não conhece realmente o que está por trás da sua relação com o dinheiro. Para todos nós, o que existe de mais humano – e necessário – no mundo, depois do sustento fisiológico e certa segurança psicológica, não há dinheiro que compre.

O lugar para onde eu quero levar você não é o do controle. É o ponto de não querer comprar de maneira desenfreada e desnecessária, de não "ter que" controlar uma vontade, que, na maioria das vezes, nem é nossa, mas algo que a indústria do consumo enfiou na nossa cabeça. Meu objetivo é que possamos aprender a nos libertar da manipulação que nos atinge em todos os níveis. Com consciência em vez de disciplina. Com presença em vez de organização. Com naturalidade e autoempatia em vez de controle. Esse é o meu objetivo com este livro, o que realmente me motivou a escrevê-lo. Você pode amar ou odiar finanças, mas, no contexto atual, o dinheiro é uma ferramenta de extrema importância. Fazer as pazes com ele significa entender isso melhor e cuidar dessa relação. Isso envolve muito mais o comportamento do que os discursos rasos que vemos sobre finanças pessoais, tal como escreveu Morgan Housel, autor do famoso livro *A Psicologia Financeira*:

> **"Ser bem-sucedido financeiramente nem sempre tem a ver com o que você sabe, mas com a forma como você se comporta. E comportamento é algo difícil de ensinar e aprender, mesmo para pessoas inteligentes."**

Ele menciona que raramente ouvimos sobre faxineiros que superaram os melhores engenheiros do mundo em um projeto, mas que histórias assim acontecem o tempo todo no âmbito das finanças. E por quê? Porque sucesso financeiro não é uma habilidade técnica, e, sim, pessoal. Portanto, o comportamento é mais importante que o conhecimento. Eu complementaria isso dizendo que partir de alguns privilégios – como segurança física, alimentar e psicológica – faz muita diferença, e jamais terei a intenção de dizer que ter grana é simples e que gastar menos é uma opção. Falo aqui com quem já tem as necessidades básicas atendidas e também com as pessoas que, mesmo em situação confortável agora, possuem alguma insegurança em relação ao futuro.

Housel diz que é difícil ensinar e aprender sobre comportamento, e concordo com isso, mas encontrei um caminho possível através dos princípios da Não Violência, sem "certos" e "errados", sem punições e recompensas, mas com presença e consciência sobre as decisões e as maneiras de lidar com a vida e com o dinheiro. Com a responsabilidade de trabalhar o próprio comportamento e usando-o como ferramenta para, de fato, tornar a vida melhor na essência, não só na aparência. Eu mesma aprendi a lidar com minhas finanças por meio de uma compreensão interna profunda e de mudanças de comportamento, mas foi a metodologia da Não Violência que tornou possível o ensino e a aplicação do meu método na vida de outras pessoas. Quaisquer outros métodos de disciplina e rotina – ou de "você tem que" – nunca funcionaram comigo, pois sempre tive repulsa por qualquer abordagem desse tipo. Nosso jeito de lidar com o dinheiro nada mais é do que a maneira como lidamos com nós mesmos, assim como com as pessoas ao nosso redor.

Então, vamos olhar para isso com simplicidade, sem regras muito rígidas, métodos vazios que não passam de "receita de bolo", ou aquelas planilhas chatas, que só servem para nos mostrar que somos pseudofracassos, e trazem apenas um excesso de controle e falta de conhecimento verdadeiro. Vamos parar de olhar para elas e começar a olhar para dentro. E da forma como estruturei meu método aqui, ficará mais fácil encontrar o próprio caminho e ver o que funciona para você.

$ $ $

O livro foi dividido em nove capítulos, além da Conclusão e das Palavras Finais, com dicas, conselhos e leituras recomendadas, e cada capítulo é estruturado com intertítulos para facilitar a compreensão de maneira dinâmica e simples. Procurei manter minha narrativa o mais próxima possível de uma linguagem oral, como faço em minhas palestras e meus cursos.

No Capítulo 1, conto um pouco da minha trajetória familiar e como aprendi sobre finanças por meio de exemplos da vida do meu avô, do meu pai e da minha mãe, além de mostrar como foi a minha carreira no mundo corporativo, e o quanto custou para que eu me sentisse "bem-sucedida". Abordo ainda minha trajetória financeira, o caminho para a liberdade e meu trabalho atual.

Nos Capítulos 2, 3 e 4, explico o que é a Comunicação Não Violenta (CNV), do que ela trata e onde se encaixa na metodologia que desenvolvi para cuidar das minhas finanças. Abordo os princípios básicos da CNV: como observamos, vivemos e nutrimos nossas vidas, e mostro o abismo que existe entre o que precisamos, o que queremos e o que fazemos.

Nos Capítulos 5 e 6, falo sobre o que chamo de o "Lado de Dentro" e o "Lado de Fora", trazendo reflexões básicas sobre questões práticas e emocionais a respeito de como lidamos com o dinheiro e os nossos sentimentos; explico por que Educação Financeira é uma matéria de Ciências Humanas; abordo as questões de "mérito ou sorte", felicidade, estresse e dinheiro; o preço que pagamos e o que vem a ser a vulnerabilidade frágil; maturidade vista como autorresponsabilidade somada ao protagonismo; por que tendemos a olhar mais para fora do que para dentro; dinheiro e poder nas relações; o fato de que não dá para cuidar das finanças sem cuidar das relações; e proponho uma reflexão sobre você e o dinheiro: quem manda em quem?

Reservei os Capítulos 7, 8 e 9 para comentar e explicar o impacto que causamos no mundo sobre o consumismo; abordo a realidade brasileira e questões sobre o consumismo não ser autocuidado; como funciona a indústria do consumo; como perceber de que maneira interpretamos nossas emoções, e como muitas vezes essas interpretações estão equivocadas. Explico a cultura do minimalismo como caminho para a verdadeira abundância; as verdadeiras diferenças por trás da abundância e da escassez; como lidar com presentes e doações; e, por fim, o que fazer com o seu orçamento e aprender a se perguntar: O que é dinheiro para mim? E o que não tem preço em minha vida?

Ao final, trago ideias simples sobre como cuidar do seu conforto e o convido a aprender a comprar bem-estar em vez de "bem parecer", a comprar tempo, a parar de tentar controlar suas finanças e seguir por um caminho de verdadeiro bem-estar e a fazer as pazes consigo, com as pessoas, com o mundo e com o dinheiro.

$ $ $

Fica aqui o convite para que você se abra à curiosidade e a um olhar diferente sobre as finanças, uma abordagem mais questionadora do assunto, já que, ao mesmo tempo em que temos cada vez mais acesso à informação, as desigualdades e o número de pessoas endividadas e inadimplentes vêm aumentando. Vamos parar de olhar para as planilhas e começar a olhar mais para dentro de nós. Não é fácil, mas é simples. E como disse Leonardo da Vinci: "A simplicidade é o mais alto grau de sofisticação."

Boa leitura.

Rubia Gouveia,
Início da primavera de 2024

"A simplicidade é o mais alto grau de sofisticação."
— Leonardo da Vinci

Capítulo 1

CONTEXTO, HISTÓRIA E TRAJETÓRIA: UM RELATO PESSOAL E MEMORIALISTA

CONTEXTO PROFISSIONAL:
O início da minha jornada corporativa e a relação com o dinheiro

Nunca pensei em escrever um livro. Até meus 32 anos estive imersa no mundo corporativo, e era muito feliz pelas metas profissionais alcançadas. Tudo ia muito bem: sempre feliz, motivada, apaixonada pelo que fazia, abraçando tudo o que era relacionado ao meu trabalho. Não que minha jornada profissional tenha sido tranquila ou mesmo fácil, mas qualquer obstáculo era pequeno perto da minha meta insana de ser CEO aos 40 anos.

Mas logo comecei a entender que, de certo modo, bater metas não era suficiente para conquistar um cargo desses. No mundo corporativo, existem política, jogos de poder e coisas muito mais profundas nos bastidores. E uma jovem ingênua, que só queria que as coisas fossem mais transparentes e justas para todo mundo, logo iria perceber que havia muito a aprender – e a pagar, de muitas maneiras, por ser uma executiva idealista e sonhadora.

Para exemplificar isso de forma prática, vou relatar uma cena que nunca saiu da minha cabeça: tive que demitir duas pessoas da minha equipe. Isso por uma decisão tomada sem a minha participação, no dia em que voltei da minha licença por luto, ou seja, apenas três dias úteis após o funeral do meu pai. Não sei se você já precisou demitir alguém de quem gostava muito, mas para mim sempre foi muito difícil, e ainda mais naquele momento. Vou repetir a cena para elucidar ainda mais: três dias após o funeral do meu pai, que faleceu aos 60 anos de idade de um jeito muito sofrido, eu chego na empresa e meu chefe me diz: "Bom dia, está melhor? É o seguinte, decidimos demitir duas pessoas da sua equipe, aqui estão os documentos. Você precisa chamá-las e fazer o comunicado agora mesmo, no primeiro horário". Outro detalhe que posso compartilhar aqui, e que deixa tudo mais interessante, é que esse chefe já tinha perdido o pai e a mãe, e inclusive carregava no corpo uma homenagem a eles: uma tatuagem visível cobrindo todo o antebraço.

Como de costume, respirei fundo e fiz o que me mandaram fazer. Alguns meses depois, ganhei uma viagem às Bahamas, oferecida pelo dono da empresa (multinacional) aos melhores funcionários de 2016. Naquela época, as minhas equipes juntas somavam mais de quarenta pessoas, e quase todas bateram suas metas. Eu amava muito o meu trabalho, minha área de atuação e o meu time. Contudo, nunca fui uma pessoa fácil, de fazer tipo ou criar personagens para agradar... Quando julgava necessário batia de frente com o que considerava injusto na empresa e comprava muita briga. Defendia minha equipe a todo custo para garantir melhores condições de trabalho. Nunca fiz politicagem. E sempre achei que meu problema era precisar agir mais com a cabeça e "ser menos coração". Hoje, vejo que agir com o coração é colocar a coragem em ação.

Fui muito corajosa, e paguei o preço por não agir de forma fria e racional sempre, o que é a praxe, muitas vezes, no mundo corporativo.

Por conta desse quadro, problemas de saúde com fundo emocional foram surgindo e começaram a se acumular, até que, em 2017, fui diagnosticada com Síndrome de Burnout e precisei iniciar um tratamento com medicação de tarja preta. Tive muito apoio da minha equipe e, quando estava à beira de um colapso real, fui demitida. A lição que aprendi: você pode amar o que faz, entregar resultados e, mesmo assim, ter um Burnout. E isso só reforçou a ideia de que cuidar do meu dinheiro era cuidar de mim, porque, não fosse o *insight* (na verdade, o susto, que contarei mais à frente) que tive aos 23 anos para parar de gastar todo o meu dinheiro, eu teria sido obrigada a buscar outro emprego logo, sem tempo para me recuperar, e muito menos para uma transição de carreira tranquila. Dessa forma, meu objetivo com este relato é: apertar alguns botões em você, para te ajudar a melhorar sua relação com as finanças, e trazer mais liberdade através de escolhas mais conscientes do que as que eu havia feito até esse ponto da minha vida e da minha carreira.

Num dos momentos de reflexão e tristeza, lembrei-me do meu pai, recém-falecido, cujo luto eu não me permiti vivenciar em toda sua profundidade e necessidade, pois o trabalho era "prioritário". Nos momentos difíceis de sua vida, ele costumava dizer: "Ah, filha... na época dos seus avós, tudo era mais fácil!". E eu, apesar de discordar, fazia que sim com a cabeça. Perdi meu avô em 2010, minha avó em 2014 e meu pai em 2016. Quando passei por esse momento profissional em 2017, me perguntei: "Será que na época dos meus pais e avós realmente era mais fácil?

Ou estou fazendo algo muito errado e pagando um preço desnecessário? Posso fazer escolhas diferentes das que eles fizeram e das que eu fiz até aqui?".

Assim, percebi que precisava refletir. Fazer uma síntese, sabe? Do meu passado, da trajetória da minha família, e ver o que eu poderia aprender com eles, com suas histórias de vida, e tentar fazer as coisas de um modo diferente.

CONTEXTO PESSOAL:
Um breve resumo da minha vivência e história familiar

Meu pai: o nascimento em "berço de ouro" e a decadência

Para poder contar um pouco da trajetória de vida do meu pai, vou voltar até a geração anterior, já que ele mesmo dizia que as coisas eram mais fáceis na época do meu avô.

Há mais de cem anos, em 1º de janeiro de 1918, nascia o meu avô paterno, Salvador de Gouveia, na Ilha da Madeira, em Portugal. Foi o quarto de quatorze filhos.

Seus pais moravam em uma casa simples, no alto de uma colina. Após o terceiro filho, minha bisavó, dona Maria, engravidou de gêmeos e ambos faleceram com 3 anos de idade, um pouco antes do nascimento do meu avô. O filho seguinte foi João, trazido morto para casa aos 7 anos de idade, depois de cair de um dos penhascos que existem ali nos arredores. A essa altura, a bisa Maria estava grávida de Josefina, que nasceu com acentuada deficiência intelectual e cognitiva (dizem que isso aconteceu por causa do enorme choque e sofrimento vivido pela mãe durante a gravidez, mas obstetras já me disseram que não é bem assim). Outro filho, Joaquim, sofreu de uma forte meningite aos 10 anos, que o deixou com sequelas cognitivas, como se seu desenvolvimento tivesse se estagnado naquela idade. Por último, a tia Laurentina, caçula, que faleceu com apenas 1 aninho. Tudo isso entre 1910 e 1935. Uma mãe, treze vezes grávida, quatro filhos falecidos e dois totalmente dependentes por suas necessidades especiais.

Minha bisa Maria e meu bisavô Joaquim tinham uma vida que não era nada "mais fácil", como meu pai havia mencionado, mesmo que falasse dos pais e não dos avós. Ele era sapateiro e ela cuidava da casa, dos filhos e da vaca. Em alguns dias, tinham apenas batatas para comer. Era início do século XX, em Santa Cruz, Ilha da Madeira.

Eu poderia descrever com mais detalhes como era a "infância" em Santa Cruz, mas a verdade é que filhos eram basicamente mão de obra para trabalhar no campo ou ajudar a mãe em casa. Não tenho memória dos meus avós contando sobre brincadeiras de criança, nem da maravilha natural que era aquela ilha – e somente tive a oportunidade de conhecer quando adulta, anos após o falecimento deles. Escola, somente para alfabetização, quando possível. Meu avô, "privilegiado", estudou até os 10 anos de idade. Aos 12 anos, precisou se mudar para uma cidade maior por não conseguir emprego onde morava, o que era comum para muitos na época. Sobreviviam trocando trabalho braçal por comida e morando "de favor". Sim, aos 12 anos. Uma vez comentei: "Nossa, vô, que horror... isso era um abuso!", mas logo fui interrompida: "Minha filha, horror é passar fome. Tive muita sorte na vida, e sempre fui feliz. A vida não me deve nada".

Ainda menino, o Vô Salvador se mudou de Santa Cruz para Funchal, cidade grande e atual capital da Ilha da Madeira, e tornou-se pessoa de confiança do tio, que lhe ofereceu, além de um trabalho no armazém, um cantinho em sua casa onde ele podia morar. A vida se resumia a trabalhar para comer e ter um lugar para dormir. E como me emociona ver como os portugueses são gratos por isso. Como valorizam cada centavo que conquistaram e jamais admitem a verdade de que tudo era exaustivo, sofrido e solitário. Cheguei a romantizar isso por um tempo e tê-los como exemplo e inspiração quando as coisas pareciam difíceis. Hoje entendo quanta violência havia em viver apenas para sobreviver. Para se ter uma ideia, no norte de Portugal, no Porto, boa parte da mão de obra chegava das cidades menores sob as mesmas condições. Ainda com um agravante: a convivência com estranhos. A exploração sem nenhuma fiscalização. Nem sempre era um "tio" que oferecia emprego e moradia (leia-se colchão + teto) àquelas crianças. Aqui a gente percebe como as riquezas extraídas do Brasil pelos portugueses ficaram nas mãos de poucos e a escassez permanecia presente para boa parte da população.

Uma vez ouvi que a felicidade é uma fórmula matemática: Felicidade = realidade – expectativa. A realidade deles era de muita escassez. E ZERO expectativa. Apenas sabiam que, trabalhando duro, um dia seriam "alguém" (como se nada fossem até então). Essa conta parece triste, mas termina num resultado "positivo" de felicidade. Porque de nada adianta uma realidade boa, se nossa mente está sempre um passo à frente, presa nas expectativas a ponto de não viver o presente, porque a insatisfação persiste, se torna crônica, a conta não fecha, e acabamos vivendo no "cheque especial" da realização pessoal.

Mas espere um pouquinho, pois logo mais entraremos na questão expectativa *versus* realização e como saber se uma pessoa está realmente satisfeita ou apenas conformada. Antes disso, quero terminar o contexto sobre essa parte da minha família, pois é muito importante, e é o que me trouxe até aqui. Voltemos ao meu Vô Salvador e seu primeiro emprego aos 12 anos, no armazém do tio, em Funchal. Lá ele aprendeu de tudo: buscar mercadorias, receber, negociar, fazer o caixa, carregar caixotes, organizar os produtos, limpar, cuidar da loja e cobrar pelos fiados (uma lista de débitos, com o nome das pessoas que fizeram as compras e os valores anotados em um caderninho, a serem pagos quando pudessem; na época, não existia cartão de crédito, mas, sim, confiança, e um bairro era uma grande família). Disso, porém, ele pouco falava. Segundo ele, o que de mais importante aprendeu foi conhecer seus clientes. Sempre dizia que quem souber vender nunca ficará pobre. E que negócios são feitos de pessoas, portanto, se você não se interessar de verdade pelas pessoas, seu negócio não irá prosperar. Ele conhecia a fundo seus clientes e familiares. Sabia dos problemas e as dores de cada um. Separava os melhores itens e entregava na casa das senhorinhas que já apresentavam dificuldade em andar ou carregar peso. Assim ele conquistou o bairro, e toda a vizinhança.

Aos 18 anos de idade, no ano de 1936, o Vô Salvador serviu no exército de Portugal e, após cumprir o serviço militar obrigatório e ser dispensado, casou-se com a minha avó[1] (conto os detalhes dessa história nas notas de fim do livro) em 28 de julho de 1938.

Em 1939, com o início da Segunda Guerra Mundial, começaram a ser convocados os soldados que haviam servido recentemente. Um grande amigo do meu avô, inclusive, foi convocado para retornar ao exército e ir para a guerra. Não se teve nenhuma notícia dele depois de partir. Em teoria, se tudo desse certo, as cartas dos soldados chegariam aos familiares e amigos, mas essas cartas esperadas quase nunca chegavam.

Diante desse cenário de guerra, e sem perspectiva de um futuro digno na Ilha da Madeira, eles decidiram partir para o Brasil: meu avô Salvador, minha avó Assunção e os pais dela. Desembarcaram no Rio de Janeiro, conforme previsto, encantados com a beleza do lugar e com a esperança de uma vida tranquila, longe de guerras, no país das oportunidades. Foram longas horas de espera e procura pelas bagagens. Informação escassa e grande confusão no porto. Passaram-se horas de andanças em busca da bagagem (os baús) e muito cansaço. A essa altura, o navio já havia partido e todas as possibilidades de encontrar seus pertences se esgotaram. Foi quando receberam a seguinte informação: "Senhor, este navio tem São Paulo como próxima parada. Se seus pertences não estão aqui, provavelmente não foram desembarcados, e estão a caminho de lá".

Eles não tinham quase nada. Mas aquilo era tudo o que tinham. Meu avô esgotou o pouco dinheiro disponível na carteira e comprou passagens para São Paulo. Gastaram tudo o que haviam reservado para sobreviver nos primeiros dias no Rio de Janeiro e, enfim, conseguiram chegar ao Porto de Santos. Não consigo nem imaginar a ansiedade e medo que eu sentiria nessa situação. Sem dinheiro algum, sem saber se, de fato, encontrariam seus pertences, onde dormiriam, ou o que comeriam nos próximos dias.

Responsável por cuidar da esposa e dos sogros, ambos de idade considerável (arrisco dizer que uma pessoa de 40 anos naquela época poderia ser comparada a uma de 70 anos hoje), o único aspecto favorável dessa situação era o idioma e a quantidade de portugueses vivendo ali.

Depois de muito tentar, conseguiram finalmente resgatar os baús, o que era muito bom, mas ainda sem saber para onde ir. Conversando com outras pessoas, meu avô ficou sabendo de outro português que estava no Brasil havia mais tempo, já instalado em São Paulo, dono de uma quitanda, que poderia ajudá-lo. Então, ao chegar ele foi, de pessoa em pessoa, pedindo informações, e assim conseguiu o endereço da quitanda. Apresentou-se, resumiu sua situação e ofereceu seu trabalho em troca dos alimentos que fossem descartados ao final do dia: frutas, legumes e verduras já impróprios para venda. Manoel era o seu nome. O homem que deu o primeiro trabalho ao meu avô, além de um quartinho no porão da quitanda, onde puderam ficar temporariamente.

O quartinho. Sim, precisamos falar sobre o quartinho do porão. Não consigo conceber como podemos dizer que na época dos nossos avós era tudo mais fácil. Sabemos de todos os controles exigidos hoje pelas agências sanitárias em qualquer estabelecimento alimentício. E sabemos da força de proliferação de ratos e insetos, mesmo com tantos cuidados. Mas é necessário dizer que em 1940 as coisas não eram assim. Era um salve-se quem puder, e essa era a única opção no momento para eles. A minha avó contava que havia muita umidade, mofo, bolor. Um lugar sem janelas ou luz natural, quase sem oxigênio, e repleto de ratos, baratas e insetos em geral. Era muito frio e úmido ali, ela dizia. E quem mais sofria era ela e sua mãe, que passavam o dia todo, sem cessar, bordando peças para revender, na máquina de costura Singer (presente do pai, no aniversário de 15 anos de minha avó) que foi trazida de Portugal, no baú. As camas se resumiam a um colchão de solteiro feito de palha e nada mais. O espaço era minúsculo. Com as caixas de verduras, ele fez um estrado, uma "cama" improvisada sobre a qual colocou o colchão de palha. Era ali que dormiam minha avó e sua mãe. Meu avô e seu sogro dormiam num espacinho que sobrava, no chão mesmo. O Vô Salvador ficava mais perto da porta, pois era o primeiro a se levantar. E apesar de tudo, ainda consideravam sorte caberem ali os dois baús e a máquina de costura. Tecidos, roupas e pertences se misturavam, conforme dava.

Meu avô acordava às 3 h da manhã para ir comprar frutas, legumes e verduras para a quitanda. Onde atualmente fica a estação São Joaquim do metrô de São Paulo costumava ser o ponto de onde ele saía e para onde voltava todas as madrugadas. Ia até o centro puxando a carroça vazia e passava pelo Pateo do Collegio, depois descia a Ladeira Porto Geral, até o Mercado Municipal. Enchia a carroça e voltava carregado ladeira acima. Isso lhe custou algumas hérnias, que o acompanharam até seu último dia de vida. Nunca se queixou. Nem pedia ajuda. Pelo contrário, era muito grato pela oportunidade que teve. Estava sempre disposto a ajudar e usou sua experiência na Ilha da Madeira com os fregueses. Em pouco tempo conquistou mais clientes e aumentou o tíquete médio de cada venda. Isso fez que a quitanda se tornasse cada vez mais dependente dele, que trabalhava o dia todo, no atendimento e nas entregas. Dormia muito pouco. E mesmo que quisesse... era impossível dormir muito naquele quartinho minúsculo.

Passado algum tempo após esse período inicial, a avó Assunção e sua mãe foram trabalhar em uma fábrica de costura na Fiação da Saúde. Acordavam às 4 h da manhã para chegarem às 5 h em ponto.

O dono da quitanda, o sr. Manoel, precisou sair em viagem longa, e ofereceu ao meu avô a sociedade da quitanda, no melhor sotaque português: "Salllvadoire, pirciso sair pur uma tempurada longa, i quero kã cuidsh muito bem dishto aqui. Como se fosss teu. Afinal será mexmo. Ésh meu novo sócio. Meush pãrabénsh".

A participação nos lucros ajudou muito na ascensão financeira da família. Esse foi o primeiro negócio, de alguns, que lhe proporcionou uma vida mais confortável. A situação foi se estabilizando, até que o Vô Salvador comprou seu primeiro terreno, no Planalto Paulista, para construir sua casa, que mais tarde receberia muitos familiares e seria local de tantas festas. A essa altura, ele já era dono de 100% da quitanda e resolveu fechá-la para abrir uma loja de uniformes. Vendia muito, e a minha avó bordava dia e noite.

Tinham uma boa clientela, formada pelas madames da Avenida Paulista e região. E assim resolveram ampliar e diversificar o negócio. Passaram a vender itens de cama, mesa e banho. Meu avô ia até o Porto de Santos, negociava e comprava tecidos importados. Trazia-os para São Paulo e minha avó costurava e incrementava com bordados à mão, nos fundos da casa nova (quem já viu ou ouviu falar dos bordados da Madeira, sabe o quão únicos eles são). Isso possibilitou que eles trouxessem toda a família que tinha ficado em Portugal. Financiaram todas as viagens, receberam muitos parentes em casa, conseguiram trabalho para essa gente toda e criaram algumas das crianças como se fossem filhos.

O sucesso no comércio e a vinda da família foram conquistas importantíssimas para todos, mas algo inquietava minha avó: apesar da prosperidade e de estar pronta para ter filhos em um ambiente digno e confortável, ela não conseguia engravidar. Os familiares que aqui estavam já seguiam suas vidas e ela se sentia muito solitária. Isso sem contar que todos que vieram eram Gouveia (do lado do meu avô), e não Campos (da minha avó). Ela só tinha o pai e a mãe, já que, dos dois irmãos, um já havia falecido e o outro tinha ido embora para os Estados Unidos e não conseguiam mais ter notícias dele. Sua única companhia era a mãe e a máquina de costura. O trabalho na loja de enxovais lhe tomava boa parte do tempo. Contratou mais funcionários, mas a cabeça se distanciava cada vez mais dos negócios.

A tristeza e a sensação de fracasso por não gerar filhos começaram a tomar conta dela, pouco a pouco. Já com uma boa situação financeira, pôde buscar ajuda nos melhores médicos e tratamentos disponíveis na época. Mas nada funcionou. Logo depois disso, ela caiu em depressão, e tempos depois já mal levantava da cama. Sua mente e seu corpo adoeceram. Não havia mais nada que pudesse ajudá-la em sua jornada para engravidar. Precisou de tratamento médico e psicológico. Decidiram intervir junto ao meu avô, que foi chamado para conversar, e recebeu uma tarefa: "Se queres uma boa recuperação para sua esposa, sugerimos fechar, ou deixar seu comércio aos cuidados de outra pessoa, e sair em viagem com ela. Pelo menos seis meses em Portugal, é o que eu indico". Foi o que disse o médico na época.

A verdade é que a minha avó nunca aceitou muito bem ter sido afastada de Portugal e das suas origens. Era filha única, já não tendo notícias do irmão, com o esposo ausente dedicando a vida ao trabalho e pais idosos demandando cuidados. Seu coração ficou em Funchal quando ela partiu para o Brasil. De certo modo, ela precisava voltar e ver com os próprios olhos que aquele lugar não fazia mais sentido: já não tinha mais ninguém da sua família lá, e aquela vida não a faria feliz, conforme idealizou de alguma forma durante toda a infância. O sonho de menina que teve um dia já não cabia mais ali.

E assim fizeram, seguindo as recomendações do médico. Foram para Portugal só os dois, em lua de mel, anos depois de terem desembarcado no Rio de Janeiro. Ao final de seis meses, eles voltaram, e ela (nesse momento minha garganta dá um nó...) estava grávida. Mas já no Brasil, ela perdeu o bebê, quando sofreu um aborto espontâneo. Apesar da tristeza, ela entendeu o quanto sua saúde emocional vinha afetando sua saúde física e adiando o sonho de ser mãe. Logo em seguida, engravidou de novo e deu à luz o primeiro de três filhos.

Meu pai era o mais novo e já nasceu tendo acesso a tudo, e com conforto. Já adulto, passando por dificuldades financeiras, quando ele dizia: “Na época do seu avô, era mais fácil”, eu não discutia, aprendi a calar por “respeito”. E hoje percebo que falar não significa desrespeitar, e que às vezes calamos por opção ou por medo, mas que nunca devemos confundir silêncio com respeito.

Em minha opinião, a vida do meu avô foi bem sofrida e muito difícil, às vezes humilhante, pois chegou a ser explorado. Mas o mais importante é que ele sempre quis que soubéssemos que ele foi muito feliz, e ainda se considerava um “homem de sorte”. O sr. Salvador de Gouveia manteve tal postura e humildade mesmo após seus dias de glória, até o seu último dia de vida. Morreu vivendo só da aposentadoria pública, com dinheiro contado, mas sempre ajudou muita gente, além de dois filhos que não aprenderam a lidar com dinheiro e precisaram de apoio em alguns momentos. Podia ter tido um final de vida mais confortável, mas fez questão de deixar um imóvel para cada filho ter onde morar.

Já meu pai, um jovem *playboy*, teve todas as oportunidades e nunca precisou se preocupar com grana. Até que precisou, mas aí era tarde demais. Não se desenvolveu, e teve uma vida adulta de escassez. A lembrança do dia em que ele me pediu dinheiro para comer dói mais do que lembrar do dia em que ele faleceu. Obviamente, o seu velório foi o dia mais triste da minha vida, e sua ausência vai me doer para sempre. Mas vê-lo num corredor de hospital público, me lembrar de suas escolhas e de como ele terminou a vida, é desesperador até hoje, e vou morrer achando que podia ter ajudado mais. Contudo, essa história ainda não acaba aqui. E quero agora contar um pouco sobre a minha mãe.

"Lembrar-me do dia que ele (meu pai) pediu dinheiro para comer dói mais do que me lembrar do dia em que ele faleceu."

Minha mãe: a disciplina e o controle (que não funcionaram comigo)

Minha mãezinha só tem duas fotos de quando era criança. Ela era de uma família bem pobre. Nasceu no interior, e nem luz elétrica tinha em casa. Seu avô foi enterrado no quintal, e ela viu o corpo sendo levado durante uma enchente forte. Assim como viu seu porquinho de estimação virar refeição na mesa da cozinha: "Vai, menina, para de chorar e come".

O nome dela seria Genymara. Como já tinha uma irmã mais velha chamada Genicley, que em casa chamavam de Geny, ela virou a "Mara". E só descobriu aos 7 anos, na escola, durante a chamada, que nunca existiu Mara, que no seu registro constava só Geny. Por isso, vou me referir a ela apenas como "mãe". Às vezes, deixo escapar um "Mara". Às vezes, em tom de brincadeira, chamo-a de "Ge" ou "Gegê". Hoje, ela é Mara com a família e Geny no resto da vida. E essa história tem tantas camadas que daria outro livro. Mas, por ora, quero focar no que isso tem a ver com a maneira que eu enxergo as relações com o dinheiro.

Minha mãe sempre ouviu da mãe dela: "Trabalha pra ser alguém na vida e vai ser independente". Como é absurdo hoje pensar que alguém "tem que" ter ou fazer alguma coisa para ser alguém, para existir. Bem, ela começou a trabalhar aos 13 anos, na fábrica de uma alemã. Mal tinha horário de almoço e era maltratada pela "patroa". Mas, obediente ao sistema, silenciou muita coisa, e aos 16 anos conseguiu um emprego como caixa num banco e fez carreira. Aos 37 anos, precisou de um diploma para manter o emprego e foi fazer faculdade: divorciada, com dois filhos pequenos em casa, tendo assumido todas as despesas. A gente mal se via.

Conseguiu quitar sua "casa própria" aos 52 anos de idade. Tudo bem difícil, bem contadinho, mas a curva foi uma ascendente constante e hoje é aposentada. Ainda mora na mesma "casa própria" de sempre. Ralou a vida toda e está longe de ser uma milionária. Inclusive, se dependesse só da aposentadoria, talvez nem a casa confortável tivesse mais.

Minha mãe construiu uma carreira de sucesso do zero, mas se eu dependesse de silenciar, obedecer a líderes sem questionar e me submeter ao sistema, eu jamais "daria certo".

Um pouco sobre mim e meu trabalho no mundo corporativo

Bem, com tudo o que contei até aqui, acredito que já dá para perceber quais foram os exemplos de vida que escolhi para me inspirar e aprender sobre dinheiro: minha mãe e meu avô. Com o meu pai, aprendi sobre afeto, e você vai entender mais adiante como isso também tem enorme valor no que aplico e ensino hoje sobre saúde financeira. Minha mãe fez questão de pagar por uma educação de alto nível para mim, por meio de boas escolas e curso de inglês, para que um dia eu pudesse ter um "bom emprego". Entendi que era isso que estava traçado para a minha vida: engolir sapos e trabalhar em ritmo insano. Agora era só engrenar uma carreira e pronto. Sucesso.

CAPÍTULO 1

Viajei o mundo a trabalho, e com 29 anos assumi o segundo maior cargo do Brasil numa empresa multinacional. Amava cada pessoa da minha equipe, mas não era uma pessoa fácil na linha de frente da empresa. Não me calava, e não era adepta dos jogos e das estratégias quase sempre presentes em carreiras executivas. Ou seja, não me submetia às expectativas das outras pessoas. Ia para a "arena corporativa" brigar e defender minha equipe até onde eu pudesse. Tenho contato com algumas dessas pessoas até hoje.

Aos 31 anos, eu estava assim: com cara de cansada, olhos fundos e pesados, sem sobrancelhas, cabelo enfraquecido, ralo e caindo, unhas postiças, porque as naturais rasgavam como papel, além de coceiras no corpo todo. Minhas pálpebras caíram por causa de uma "alergia" crônica que desenvolvi.

Eu (a terceira da direita para a esquerda) em 2015 com uma parte das gerentes da minha equipe.

Meu estômago estava em carne viva e já não absorvia várias vitaminas importantes. O médico uma vez perguntou se eu sabia o que era uma úlcera e se tinha ideia de como estava perto de ter uma.

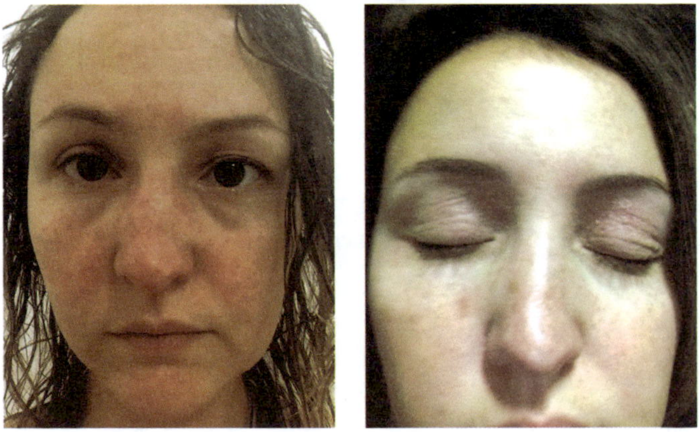

Aqui, imagens minhas em 2016 e 2017, já com muita queda de cabelo (reparem o tamanho da testa), alergias, inchaço e pálpebras caídas.

CAPÍTULO 1

Eu amava o meu trabalho e a minha equipe, mas esgotei minha saúde emocional e desenvolvi vários processos doentios por estresse, que chegariam a algo bem mais grave depois. Não conseguia apenas obedecer ao sistema e às suas regras sem questionar nada, como a minha mãe fazia. Naquela época, saí de inúmeras reuniões criando cenas imaginárias em minha mente sobre o dia em que eu poderia jogar tudo aquilo para o alto e ir embora sem olhar para trás. Sonhei muito com a "carreira de sucesso" que alcancei, e era muito bem remunerada, mas cheguei a um ponto em que só pensava em quando não precisaria mais daquilo tudo. Nunca fui uma pessoa política, nem polida, seja lá o que isso signifique. Batia de frente com muita gente "importante" por outras pessoas que eram importantes para mim. A síndrome de Burnout que acabei desenvolvendo não foi por conta da quantidade de trabalho, apesar de trabalhar de doze a quinze horas por dia. Ela ocorreu por razões de fundo 100% emocionais.

Em 2017, quando o médico me prescreveu um medicamento de tarja preta, à beira do colapso, fui demitida. Foi aí que percebi que resultados e metas batidas não eram suficientes, pois o *feedback* que recebi foi: "Você não teve uma boa relação com o México". Até hoje não sei quem era "o México". Engoli seco esse *feedback* vago e fui estudar mais sobre comunicação "eficiente e assertiva" para "melhorar meu jeito rebelde". Diferente da minha mãe, sempre obediente ao sistema – e até submissa a ele – eu nunca me contentei ou aceitei regras prontas. Encontrei-me na Comunicação Não Violenta, e ainda vou falar bastante sobre ela ao longo deste livro. Foi graças à CNV que entendi que é possível falar de:

- Comunicação, sem a intenção de "ser fofa" com as pessoas, e muito menos submissa.
- Finanças, para além dos números, e muito longe da ideia primária, básica – e rasa – de controle e disciplina.

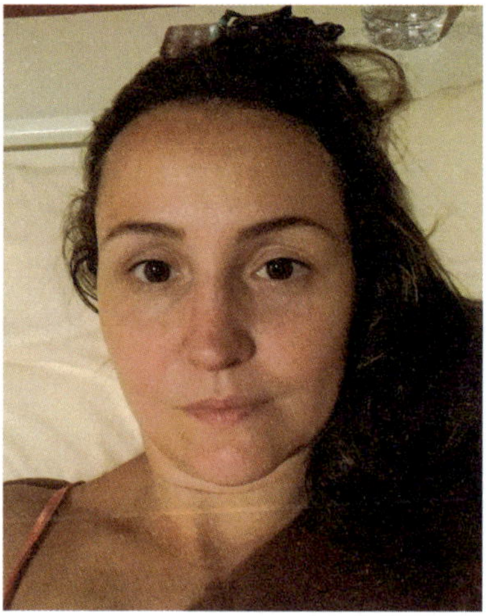

Apenas dois meses depois de sair da empresa.
Essa sou eu. Outra pessoa, por dentro e por fora,
por saber que o melhor que aconteceu comigo naquele
momento foi ser demitida e poder cuidar de mim.

"Você pode amar o que faz, estar feliz com a carreira e, mesmo assim, ter um Burnout. Ninguém está imune. Por isso é essencial cuidar do dinheiro com a mesma responsabilidade que cuidamos da carreira, da saúde, das pessoas e das coisas que amamos."

E O SEU DINHEIRO, RUBIA?

Minha trajetória financeira, o caminho para a liberdade e meu trabalho atual

Aos 12 anos, comecei a fazer sessões de fotos para agências de modelos e alguns testes, até que fui chamada para gravar um comercial de TV. Foi um domingo inteiro, das 6 h da manhã até a noite, comendo mal e em pé o tempo todo. Em um certo momento, disse para a produtora, "Estou cansada". Já era fim de tarde, e ela respondeu: "Fica tranquila, nas próximas a gente não te escolhe mais". Foi horrível. Meu pai, que nem sabia do ocorrido, foi me buscar, tarde da noite, e perguntou: "Mas, filha, você precisa mesmo disso? Deixa isso pra lá, foca nos estudos". Então eu fiz uma pausa e, aos 15 anos, comecei, de fato, a trabalhar em algumas feiras e eventos aos finais de semana, e depois trabalhei em loja de *shopping*. Pegava quatro conduções para chegar até lá. A gerente da loja era muito querida, mas o subgerente era, como falamos no dia a dia, "um sem-noção", ou não sei, talvez ele só precisasse amadurecer.

Éramos jovens. Eu trabalhava de salto alto, em pé o dia todo. Quando as bolhas nos meus pés estouravam, eu não conseguia vestir as sandálias mais altas e colocava um tamanco preto, com duas tiras mais largas e salto grosso, não muito alto. Era confortável e ajeitadinho, mas estava mais velho, surrado e fora de moda. Sempre que eu chegava com esse sapato (e o pé sangrando), o abençoado do subgerente dizia na frente de quem fosse: "Lá vem ela arrastando essa tamanca velha. Credo, que horror!". Isso sem contar quando não falava mal da minha maquiagem, do meu rosto, do meu cabelo... enfim, de tudo. Era realmente horrível.

Quando penso que, com todos os privilégios que tive, me submeti a tantas humilhações, não posso imaginar o que outras pessoas sofrem com a violência estrutural de preconceitos e exclusão que vivemos diariamente em nossa sociedade de altos desníveis. Detalhe: ele, um homem *gay*, que provavelmente sofreu inúmeros preconceitos, me tratava dessa forma. Mas, como diz Paulo Freire: "Quando a educação não é libertadora, o sonho do oprimido é ser o opressor".

Depois, entrei na faculdade de Psicologia e amava o curso! Mas troquei aos 19 anos porque consegui um estágio num banco e queria seguir carreira. Então, decidi estudar Administração de Empresas. Era uma época, no meio do ano, em que a maioria das universidades já havia encerrado o período de inscrições. Entre as mais renomadas, havia uma específica que eu sabia que era cara, mas não tinha ideia do quanto. Prestei, passei e fui fazer a matrícula. Tudo isso sozinha e em segredo, sem contar para ninguém. Eu tinha medo dos conselhos que pudessem me paralisar. Então, segui em frente. Só fui.

Chegando lá, o valor da matrícula era muito além da minha condição financeira. E aquele seria o valor de todas as mensalidades dali para a frente. Entrei em pânico: já tinha cancelado meu curso de Psicologia (não, eu não tranquei, cancelei mesmo a matrícula, para matar quaisquer chances de indecisão) e não tinha como voltar atrás. Não podia ficar parada por seis meses até o próximo vestibular e nem sei se passaria de novo. Então fiz um "cheque sem fundos" e voltei para casa de ônibus, chorando, pensando em como contaria isso para todo mundo e como daria conta de pagar a matrícula e as próximas mensalidades, já que a situação financeira do meu pai estava bem complicada e a minha mãe não tinha condições de bancar, pois estava em um emprego que pagava menos do que ela ganhava na época da minha infância. Tanto que meu irmão já havia se mudado para uma escola pública para cursar o Ensino Médio.

Para quem é da geração digital, do PIX, do cartão de crédito e débito, um cheque (ainda existe) era um pedaço de papel do banco em que se preenchia o valor e assinava, e então o banco descontava da nossa conta, efetuando o pagamento. Mas eu assinei o cheque sem ter o dinheiro no banco, portanto, "sem fundos". Entrei no cheque especial, aquele empréstimo automático a juros exorbitantes que passavam de 10% ao mês. A saga para conseguir uma bolsa e mantê-la através das notas e frequência acima da média não foi fácil. Eu não podia reprovar de jeito nenhum e meu avô morreu bem no dia de uma das provas finais mais importantes para mim. Foi um caos! Meu pai chegou a ir lá pedir que não cancelassem a minha bolsa e eu o vi chorar, aos soluços, para o diretor, falando da sua incompetência como pai por não conseguir ajudar a filha a pagar os estudos, já que meu salário não era suficiente.

Em 2007, fui contratada por uma multinacional em Barueri. Chegava da faculdade quase meia-noite, comia, tomava banho e dormia para acordar às 4h30 da manhã: pegava um ônibus fretado às 5h45 e fazia tudo de novo. Só tinha o final de semana para estudar. Ou o meu horário de almoço. Uma vez, no ônibus, voltei estudando para uma prova e cochilei. Numa freada voou tudo: fichário, folhas, calculadora HP, estojo. Sem negligenciar os privilégios que tive, confesso que minha vida nessa época se resumia a engolir o choro, ao mesmo tempo em que tentava parecer plena, como a maioria do pessoal da faculdade, que passava o dia na piscina e nem sabia o que era trabalhar. Eu vivia cansada, devendo no banco e mantinha um padrão de vida completamente fora da minha realidade, por dois motivos principais que eu dava a mim mesma:

"Eu trabalho muito e mereço":
não queria me privar tanto e ser tão controlada e disciplinada quanto minha mãe.

$ $ $

"Preciso ser aceita e sentir que pertenço a este lugar":
eu tinha bolsa parcial de estudos, mas estava numa das faculdades mais caras do Brasil.

Nessa época, a situação financeira do meu pai piorou muito e eu tive medo de continuar sendo irresponsável. Eu o vi ficar sem nada, a ponto de precisar pedir dinheiro para comer. Naquele período, a minha mãe, chegou a fazer compras de mercado e levar na casa dele (minha mãe pediu o divórcio quando eu tinha 8 anos de idade e não foi nada amigável, mas ele ainda era o pai dos filhos dela). E eu levando a vida, porém endividada. Ver meu pai naquela situação me desesperou. Se ele, vindo de família com dinheiro, estava assim, imaginem eu, que não era herdeira. Às vezes o medo paralisa, mas, nesse caso, ele me moveu. Eu havia sido promovida e tinha mais grana entrando. Logo eu me formaria na faculdade e sobraria o valor da mensalidade parcial e mais os gastos de transporte, alimentação e materiais. Ou seja, mais dinheiro entrando e menos saindo (se eu passasse a gastar com responsabilidade, claro, já que eu tinha tudo para querer um carrão ou ir morar num bairro bacana).

Decidi parar de "torrar todo meu dinheiro", como fazia sempre. Ao mesmo tempo, o jeito "controladinho e contadinho" da minha mãe não funcionava para mim. Então, aos 23 anos, assumi sozinha uma dívida na compra de um apartamento na planta, em frente ao meu trabalho, lá em Barueri. Tomei essa decisão pois também não aguentava mais madrugar e passar mais de quatro horas por dia no trânsito. Foi um ato de desespero, na realidade, irresponsável até. Para quitar foi tenso. Eu sacrificava toda minha PLR (participação nos lucros e nos resultados da empresa), décimo terceiro e metade do meu salário, que já era maior pelas promoções que recebi dos 23 aos 29 anos. E quando o imóvel ficou pronto, vendi o carro e saquei o meu FGTS para pegar as chaves. Hoje, não recomendo a ninguém fazer isso sem a segurança de ter para onde ir, caso tudo dê errado.

É preciso dizer que só consegui quitar o apartamento porque ainda morava com a minha mãe e não precisava ajudar nas contas de casa. Então, parte disso também foi graças a ela, mesmo que ela não tenha pagado, de fato, as prestações. Não pretendo vender aqui a ideia de que uma coisa assim é "tranquila", e nem cogito isso, porque não é. O que posso dizer para você é: pegue leve com as suas metas. Eu queria quitar um imóvel antes dos 30, mas existem formas menos agressivas de fazer isso, e uma delas é dar mais tempo para realizar seus projetos de longo prazo. Nem tudo na vida precisa ser "para ontem". Quando o apartamento ficou pronto, eu já não trabalhava mais naquela empresa, nem naquela cidade. Não fazia sentido morar ali. Cheguei a mobiliá-lo com o básico, para alugar. Mas na época eu teria um rendimento maior se o vendesse e aplicasse o dinheiro. Então contratei uma assessoria de investimentos. E não, não fiz isso por ser tão visionária. Era medo de mim mesma, de acabar gastando tudo. Eu não confiava na minha capacidade de gerir meu próprio dinheiro. Ganhar mais não adiantaria se eu continuasse me comportando de modo irresponsável. Então comecei a ver o dinheiro "trabalhar sozinho". E no trabalho, eu, que tinha a meta de ser CEO aos 40 anos, passei a achar que bom mesmo era poder se aposentar aos 40. Daí em diante, entendi o meu porquê, e o consumo desenfreado perdeu o lugar e o sentido na minha vida.

E como foi bom ter tomado essa decisão lá atrás! A Rubia de hoje agradece todos os dias à Rubia de 2010. Sou grata à minha mãe, e inclusive ao meu pai. Fazer parte da vida deles me possibilitou escolher o que poderia funcionar para mim, mas o que fez diferença de verdade foram os valores que aprendi. Sem eles, eu não seria a Rubia de hoje: mais livre, sem usar todo o meu dinheiro e segura em relação ao futuro. Não sei por quais desafios você ou alguém que você ama está passando. Mas gostaria de convidá-lo, através das próximas páginas, a olhar para as suas escolhas e entender se elas aproximam ou afastam você do que mais importa: o seu eu de hoje e o seu eu do futuro.

Em 2015, conheci uma pessoa com quem me relacionei por três anos. Apesar de essa pessoa ter um repertório e um salário muito parecido com os meus, ela tinha hábitos e uma vida muito simples. A gente morava num apartamento de 40 m^2. Depois, mudamos para um de 60 m^2, mas em um bairro mais afastado.

Entendi que escolheria para a minha vida pessoas que me amassem independentemente do que eu tivesse e vestisse, ou de onde eu morasse. Isso parece muito óbvio, mas demanda muita presença de espírito e esforço. Na correria do dia a dia, o mais fácil é apenas seguir a maioria e viver no piloto automático, mesmo que isso custe muito caro para o nosso futuro e para a nossa saúde emocional. Ter saído do ambiente de uma faculdade cara também ajudou muito a mudar a minha mentalidade. Aos 30, eu ganhava muito bem, já tinha também a rentabilidade do apartamento quitado e gastava menos (pasmem) do que na época de faculdade.

"E eu, que tinha a meta de ser CEO aos 40 anos, passei a achar que bom mesmo era poder aposentar aos 40. Daí em diante, entendi o meu porquê, e o consumo desenfreado perdeu o lugar e o sentido na minha vida."

O início da minha liberdade financeira

Quando tive o Burnout, decidi que não iria procurar emprego de imediato e tirei um ano sabático para cuidar de mim. Só nesse momento me dei conta de que eu me cuidava muito pouco, na verdade. Então pensei: preciso cortar gastos, vou começar pelo assessor financeiro – aquele que eu havia contratado quando vendi o apartamento em Barueri, em São Paulo –, até porque comecei a questionar o que ele fazia que eu não pudesse aprender também? Aquele ano foi dividido entre viagens, estudos em Finanças Pessoais, desenvolvimento pessoal e trabalho voluntário.

Aprendi a otimizar muitas coisas, e as contas que eu tinha feito para passar apenas um ano me atenderam durante três anos. Eu havia subestimado minha capacidade de fazer muito com pouco dinheiro. Quem me conheceu nessa época achava que eu levava a vida numa boa, e nada mais. Já quem convivia comigo havia mais tempo sabia que eu não era herdeira, e me perguntavam como eu estava vivendo, como saí do *status* de consumista e devedora para o de econômica e investidora. Eu não sabia explicar, apenas dizia: "Ah, sei lá, acho que fiz as pazes com o dinheiro".

Essa coisa de "fazer as pazes com o dinheiro" era meio abstrata no início para mim, e foi a Comunicação Não Violenta que me deu todas as ferramentas e me fez entender exatamente esse meu processo. E assim eu falava sobre dinheiro com certa naturalidade. Pessoas próximas começaram a pedir dicas e me perguntar como "fazer as pazes" também.

Outros acontecimentos, que, em princípio, poderiam ter sido episódios difíceis, se tornaram capítulos importantíssimos e viradas de chave muito necessárias. Vou trazer apenas o que mais me marcou: eu tive uma mala inteira roubada no primeiro dia de uma viagem dos sonhos. Fui passar duas semanas na Itália, na região da Toscana, com as minhas melhores amigas. Montei a mala perfeita, com *looks* maravilhosos para fazer as melhores fotos. Eu não era mais consumista como na época da faculdade, mas ainda tinha um armário abarrotado, herança daquela época.

Pensei em tudo o que levaria para cada dia. Conferi a previsão do tempo, calculei quantas vezes eu trocaria de roupa por dia, em quais ambientes eu estaria e que roupa combinava com cada um deles. Queria estar linda e com registros ótimos na minha viagem perfeita. Aquilo parecia muito importante para alguém que vinha da recuperação de um Burnout recente, querendo compensar todo o estresse vivido e dar um *upgrade* na autoestima (na época, eu acreditava que autoestima se comprava).

No primeiro dia, deixamos as malas de duas amigas no *hostel* e a minha ficou no porta-malas do carro, porque eu ia dormir na casa de uma amiga. Paramos para almoçar enquanto esperávamos mais uma amiga, que chegaria em outro voo, e quando fomos guardar a mala dela no carro, vi que a minha tinha sumido; tanto a mala quanto a mochila. Fiquei sem nada. Eu não me lembro de ter tido vontade de chorar nem nada desse tipo. Só respirei e pensei: *Depois de tudo pelo que passei nos últimos anos, agora estou aqui e me acontece isso... Se querem meu estresse e gastrite de novo, não terão. Entre todos os problemas possíveis, esse é típico de alguém que está no topo dos privilégios, e eu não vou deixar isso estragar a minha viagem.*

Decidi que não queria estragar meus dias nem perder tempo em lojas. Essa decisão aliviou qualquer sentimento que eu estivesse experimentando. Porque muito do que sentimos vem do que acontece. Mas, para mim, a maior parte do que sentimos vem das interpretações que damos ao que acontece e aos pensamentos que alimentamos a partir daí. Perguntei para as meninas se elas podiam me emprestar algumas roupas e a resposta foi "óbvio que sim!". Eu não estava sozinha e isso fez toda a diferença.

Comprei apenas roupas íntimas, uma saia e duas blusas. O restante minhas amigas me emprestaram. **Foi uma das melhores viagens da minha vida**. Quando voltei para casa, tinha um armário cheio, mas percebi que tudo de que eu mais gostava e todas as peças coringas estavam naquela mala. Nada naquele armário me agradava tanto. Dias depois, num misto de raiva e culpa, doei tudo. Nunca mais enchi uma mala. Nem um armário.

Com isso tudo que ocorreu, acabei por me lembrar de uma das lições que aprendi no mundo corporativo e na faculdade de Administração de Empresas: a Regra de Pareto. Também conhecida como o Princípio 80/20, ela nos mostra que, em muitos casos, cerca de 80% dos resultados são derivados de 20% das causas ou esforços. Ou seja, a maioria dos efeitos é produzida por uma minoria das causas, e essa regra é frequentemente aplicada em diversos contextos. Por exemplo: nos negócios, cerca de 80% dos lucros de uma empresa, muitas vezes, vêm de 20% dos clientes e 20% do portfólio de produtos mais vendidos geralmente representam 80% das vendas totais. Na gestão do tempo, muitas pessoas descobrem que 20% das atividades em seu dia de trabalho são responsáveis por 80% do resultado. Em casa, 20% dos objetos em uma casa podem ser usados em 80% do tempo. Ao organizar um espaço, a dica é dedicar 80% do esforço na organização dos 20% dos itens, que serão mais usados.

A Regra de Pareto pode ser aplicada em muitos aspectos da vida e nos mostra que, muitas vezes, uma minoria dos fatores ou esforços é responsável pela maioria dos resultados, ou uma minoria de coisas é o que precisamos na maior parte do tempo. Portanto, ao reconhecer e priorizar esses fatores principais, podemos otimizar nosso tempo, recursos e esforços para obter resultados mais eficazes e eficientes. Voltaremos a isso quando eu for falar sobre o minimalismo na minha rotina. Aquela mala era meus 20% (até menos), mas era a parte mais importante, a de que eu mais gostava e mais usava. Ou seja, seria melhor perder 80% do meu armário do que aqueles 20%.

Sem entrar em detalhes sobre minimalismo agora, por enquanto eu só quero deixar aqui uma pergunta sobre autoestima: Quando você se lembra da melhor viagem ou dos dias mais felizes da sua vida, quanto suas roupas influenciaram (de verdade) cada momento? O que tornou essa viagem ou esses dias realmente especiais?

Você pode gostar de se arrumar, gostar de usar cores e brilhos, gostar de moda. Mas um armário cheio não é o que melhora seus dias. O que vai fazer da sua viagem a melhor, ou ter os melhores dias da sua vida, é a companhia e sua postura em relação a si. Então eu pergunto a você: como está o seu armário? E suas relações? Eu só vivi uma das minhas melhores viagens graças às pessoas que estavam comigo. Eu tinha tudo o que mais precisava, mesmo sem ter as roupas maravilhosas que escolhi, e que se foram com aquela mala. E foi isso que me fortaleceu no momento de voltar para casa e doar quase tudo o que sobrou, repensar tudo... e perceber que eu não estava sozinha. Então a minha virada para o estilo de vida minimalista não tem uma história bonita para ser contada. Não foi um chamado interior, um resultado de uma consciência ecológica, ou um *insight* repentino de compreensão. Foi fruto de um episódio frustrante. **E o que fez toda diferença foi estar ao lado de pessoas que me amam de qualquer jeito e com qualquer roupa.**

"Eu tive uma mala inteira roubada no primeiro dia de uma viagem dos sonhos. Foi uma das melhores viagens da minha vida. E o que fez toda diferença foi estar ao lado de pessoas que me amam de qualquer jeito e com qualquer roupa."

Capítulo 2

VAMOS COMEÇAR DO PRINCÍPIO:

O QUE É A COMUNICAÇÃO NÃO VIOLENTA (CNV)? DO QUE SE TRATA? E ONDE ELA SE ENCAIXA NA METODOLOGIA QUE DESENVOLVI PARA CUIDAR DAS FINANÇAS?

CNV é a abreviação de Comunicação Não Violenta. Ela trabalha a habilidade mais necessária à espécie humana: a de se expressar de forma mais assertiva e empática, com um olhar mais humano sobre a maneira como nos relacionamos com nosso "eu" interno, com as outras pessoas e dentro dos sistemas sociais. Ela foi criada na década de 1960 pelo psicólogo norte-americano Marshall B. Rosenberg, como uma abordagem da comunicação que compreende as habilidades de falar e ouvir de modo mais compassivo e integral. Em 1984, ele fundou uma ONG chamada Centro para Comunicação Não Violenta, que se dedicava à promoção dessa técnica pelo mundo.

Ao usar o termo "não violenta" em sua técnica de comunicação, Rosenberg nos trouxe o conceito de Não Violência definido por Gandhi, que se refere à condição compassiva natural que surge no ser humano quando a violência é afastada do nosso coração. Isso leva os indivíduos a se entregarem a uma conversa mais do que querer dominá-la, possibilitando uma conexão mais profunda consigo mesmo e com as pessoas, permitindo que essa conexão se desenvolva em nossa convivência cotidiana de forma simples e prática. Ela apresenta ferramentas úteis para superar os desafios que surgem em nossas relações, causados pela maneira como nos comunicamos, ou até pelo que deixamos de expressar por medo de conflitos.

Muitas vezes surge um abismo entre o que precisamos e a mensagem que transmitimos, para dentro e para fora, o que impacta a nossa compreensão e as relações: consigo mesmo e com o mundo. Isso acontece por falhas no modo como nos expressamos e por padrões de linguagem que nos foram ensinados e que reproduzimos sem questionar, na correria do dia a dia. Aliás, ultimamente tenho me perguntado muito: estamos sentindo cansaço porque a comunicação está muito falha ou a comunicação está falhando porque as pessoas estão muito cansadas? É nessa "correria" que reproduzimos automaticamente padrões que nos desconectam, mesmo que tenhamos as melhores intenções. Precisamos parar (sim, no meio da agenda lotada) e olhar para a nossa forma de interagir.

A CNV reduz esse abismo por meio de ferramentas práticas de linguagem, que promovem conexão humana nos âmbitos intrapessoal, interpessoal e nos sistemas sociais. Não tenho nenhuma pretensão em resumir a CNV em poucas páginas, mas, para quem ainda não teve contato com esse método, espero poder trazer informações relevantes sobre ele. Não é possível encher mais um copo que já está transbordando e, de tudo o que já aprendi com a CNV, a melhor parte foi "desaprender" muitas coisas. É um processo profundo de desconstrução e quebra de padrões. Trata-se de saber que para deixar o novo entrar, é preciso esvaziar, abrir espaço interno. Deixar o velho sair.

O que eu não sabia é que conforme me esvaziava, passava a enxergar melhor. Crenças, julgamentos e interpretações eram como uma fumaça que ofuscava a minha visão e me sufocava. Eu estava lotada por dentro, achava que era melhor ficar quieta e, assim, silenciei coisas extremamente importantes em minha vida. Quando explodia, fazia tudo, menos resolver as situações. Ao contrário, eu só as piorava, descontando em comida ou jogando dinheiro fora (achando que estava praticando autocuidado). Isso tudo mostra que existe uma relação forte entre a maneira como nos expressamos e a forma como escolhemos gastar dinheiro. E é sobre isso que vou expor nesta parte do livro.

A CNV vai muito além do que vou trazer neste capítulo, e esse "além" é a parte de que eu mais gosto. Mas, para começar, vou trazer a estrutura básica desse método, que é dividido em quatro pilares, dois eixos e muitas ferramentas práticas, objetivas e didáticas. Ela me ensinou também que, mesmo "sabendo de tudo isso", vou falhar às vezes. A CNV mostra que podemos nos acolher e, quando isso parecer difícil, é possível recorrer a um sistema de apoio que o faça. Dessa forma, ela traz recursos que a razão adora e a emoção agradece, pois essas partes de nós não precisam competir entre si. Pelo contrário: uma precisa da outra, e é a tentativa de negar nossas emoções que nos exaure e paralisa, nos tornando pessoas mais frágeis e reativas, com a razão prejudicada. No próximo capítulo, vou resumir o que é a CNV, mas a primeira coisa que precisamos entender, e que muda tudo, é:

"Eu trato o dinheiro da forma que eu me trato, assim como trato também as pessoas do meu convívio".

Princípios básicos da CNV e suas aplicações na relação com o dinheiro

Se tratamos o dinheiro como tratamos a nós mesmos, é preciso olhar para dentro em primeiro lugar: dar espaço para trazer minha autenticidade e honestidade em relação ao que sinto e preciso. Depois, entender como tudo isso reverbera em nossas relações, seja com as pessoas e o mundo, seja com o dinheiro. Na CNV, olhamos para os sistemas intrapessoal, interpessoal e social como interdependentes. Isso significa que é uma via de mão dupla: não só impactamos nosso entorno como também somos impactados por ele o tempo todo. Essa presença e consciência nos ajudam a perceber de forma nítida esse fluxo vivo. Veja a figura a seguir.

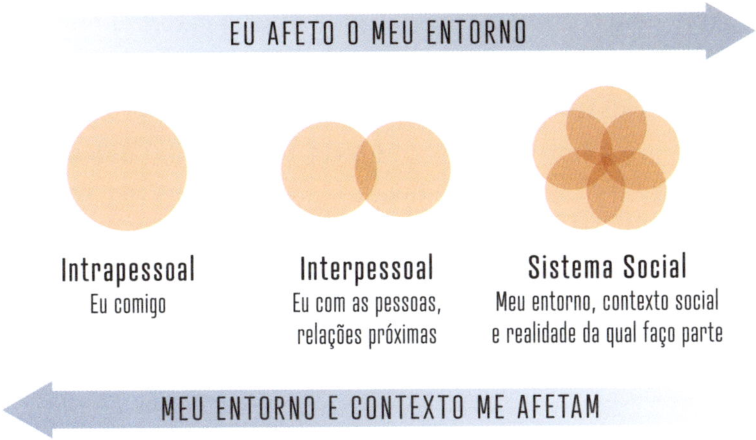

Existem três premissas muito importantes sobre o dinheiro:

- **Dedicamos muito tempo e energia para ganhar dinheiro.**
- **Até mesmo as decisões mais simples envolvem gastar dinheiro: onde ir, o que comer, que roupa vestir etc.**
- **Nossas decisões são emocionais (com raras exceções).**

Você já reparou que hoje em dia todo e qualquer produto vende a ideia de propósito e felicidade? Mas nos pegamos quebrados (emocional e financeiramente) porque não importa o que possuímos se não estamos conectados com quem somos de verdade, ou com as outras pessoas. Essa dinâmica de existência custa muito caro para o nosso bolso e nossa saúde. Lembra que a CNV é uma ferramenta de conexão? Por meio dela consegui explicar todo o meu processo de sair do *status* de devedora consumista para o de investidora. Olhar para dentro não é um caminho qualquer: é o único caminho. Não dá para falar de ter boa relação com o dinheiro sem resgatar a nossa natureza humana. Existem muitos comportamentos que não são naturais, mas foram normalizados pela sociedade e pela indústria do consumo. Isso dificulta muito a nossa vida, pela simples ideia de que devemos agir na contramão do que é natural para nos encaixar nos padrões impostos.

Posso afirmar, com base em vários estudos[2] – além de Daniel Kahneman e Amos Tversky com a Teoria da Perspectiva, passando por Richard H. Thaler (um dos autores do livro *Nudge*: *Como Tomar Melhores Decisões sobre Saúde, Dinheiro e Felicidade*) até o trabalho do renomado neurocientista António Damásio –, que as decisões financeiras são também emocionais. E é por isso que tem gente que ganha 2 mil reais e vive dentro do orçamento, e existem pessoas que ganham 20 mil e vivem endividadas. Quanto maior é a desconexão, maiores as chances de as pessoas tentarem usar o dinheiro para comprar afeto, autoestima e pertencimento. Mas dinheiro algum no mundo cura débitos, que são, na verdade, sintomas de problemas emocionais. Por exemplo, uma pessoa que é insegura, mesmo já tendo o básico atendido em sua vida, não vai curar sua insegurança com mais dinheiro. E essa insegurança pode justamente ser uma barreira para as conquistas financeiras. Já uma pessoa segura tem muito mais chances de conseguir sucesso financeiro. A segurança está em nosso sustento básico e nas relações que temos e tivemos.

Já ministrei diversos cursos, palestras e *workshops* sobre a Comunicação Não Violenta e jamais poderia resumi-la em poucas páginas. Por isso, a minha intenção neste livro é falar sobre dinheiro e navegar com você por esse tema através dos princípios da Não Violência. Não vou trazer fórmulas de como chegar ao primeiro milhão. A internet está abarrotada de conteúdos com esse tema, e a realidade do Brasil é muito diferente do que essas fórmulas prometem, pois tem havido recordes de inadimplência nos últimos anos. Aliás, fujam desse tipo de conteúdo. Vamos falar de sermos humanos num mundo onde o dinheiro permeia toda a nossa existência e onde precisamos dele para viver.

"Não dá para falar de boa relação com o dinheiro sem resgatar a nossa natureza humana. Existem muitos comportamentos que não são naturais, mas foram normalizados pela sociedade e pela indústria do consumo."

Capítulo 3

COMO OBSERVAMOS, VIVEMOS E NUTRIMOS A VIDA

A primeira coisa que a CNV me ensinou é que existe um abismo entre o que acontece conosco e as histórias que contamos a nós mesmos. Quando suspendo essa "nuvem" de histórias que conto a mim mesma, consigo "me esvaziar" e olhar para os fatos de maneira mais nítida e objetiva, e assim direcionar melhor as coisas que acontecem comigo. Esse pilar se torna uma base de sustentação e nos ajuda a identificar o que é verdadeiro e o que não passa de mera "neblina de interpretações" que colocamos em nosso olhar, o que acaba por nos distanciar dos fatos, de nós e das pessoas.

Julgar não é errado. É intrínseco e natural do ser humano. O problema não é julgar, mas o que fazemos com esses julgamentos. E mesmo que quiséssemos, deixar de julgar não é uma opção. Em vez disso, podemos reconhecer esses julgamentos e fazer perguntas que nos ajudem a conectar os fatos, para garantir maior compreensão em nossas relações. Então podemos dar menos atenção aos nossos pensamentos e opiniões – que queremos dar como resposta – e focar mais em fazer perguntas a partir dos fatos reais. Quando eu pergunto em vez de interpretar, opinar e responder, reduzo os ruídos e aumento as chances de me aproximar da outra pessoa para uma conversa. Dessa forma, reduzo as chances de que as pessoas também se percam em suas nuvens de interpretações ao longo do processo. Resumo esse pilar na frase do cineasta Alejandro Jodorowsky:

> **"Entre o que eu penso, o que quero dizer, o que digo e o que você ouve, o que você quer ouvir e o que você acha que entendeu, há um abismo."**

O preço que pagamos pelas histórias que contamos a nós mesmos pode ser incalculável. Meu convite é sempre se perguntar: o que há de verdade aqui e o que é apenas "fumaça de opiniões", meras ilusões que me distanciam dos fatos, de mim mesmo e das pessoas? Um exemplo prático é fazer o seguinte exercício:

Fato: "Fui recebida na loja com champanhe e chocolate".
Interpretação: "Gostam de mim" ou "Sou especial".

Fato: "Tenho 50 reais pra sair hoje".
Interpretação: "Se eu disser que não consigo ir àquele restaurante hoje, vão achar que estou quebrada, que sou uma fracassada".

Fato: "Meu orçamento mensal é de 3 mil reais".
Interpretação: "Sou pobre".

Fato: "Ela tem a mesma renda que eu e consegue viajar todo ano".
Interpretação: "Tem alguma coisa errada comigo" ou "Não é possível, certeza de que ela está endividada ou fazendo esquema ilegal".

Em nossa vida cotidiana, sem querer, quase como uma espécie de gatilho emocional desenfreado, contamos histórias assim para nós o tempo todo, porque – tal como disse anteriormente e reforço aqui – é natural do ser humano julgar e interpretar. E repito: isso não é errado. Mas é importante separarmos as coisas, para trazer mais lucidez às situações, nos tirar do piloto automático e nos conectarmos ao que é importante no momento. Conforme os princípios da CNV, devemos ser, em termos de comunicação, uma "pessoa curiosa antes de furiosa". Na Comunicação Não Violenta, isso significa trazer a intenção e checar algo que vi/ouvi, antes de assumir como verdade as histórias que meus pensamentos estão me contando. A solução da maioria dos conflitos está na investigação curiosa a partir dos fatos, e não nas histórias que contamos sobre eles a nós mesmos.

E nas finanças? Podemos checar com curiosidade a nossa ânsia (ou fúria mesmo) por possuir algo, comprar algo ou manter algo? Porque (tirando o básico para a nossa sobrevivência) tudo o que queremos (ou achamos que queremos) depende das histórias que contamos a nós mesmos, inclusive para nos convencer a comprar. Na maioria das vezes, são apenas as próprias interpretações de outras carências, que nada têm a ver com aquilo que queremos comprar. E, então, começamos novamente com aquelas desculpas e contações de histórias:

"Tendo isso terei mais respeito, admiração e aceitação das pessoas."

"Vou ser mais feliz."

"Vou conquistar tal pessoa."

Isso tudo está tão enraizado que acontece do jeito mais automático em nossa mente, sem que percebamos, de forma inconsciente. Contamos histórias assim para nós o tempo todo. As que você separa para si te fazem gastar mais ou menos? Colocar a curiosidade antes da vontade é um jeito de substituir o impulso por maturidade: tanto nas relações como nas finanças. E maturidade financeira requer maturidade emocional. Por exemplo:

"Vou comprar um carrão, assim serei mais admirada e respeitada."

A pergunta é: mais respeitada por quem? Você pode achar que quer um carrão, mas o que quer mesmo é respeito e admiração. E existem vários outros meios menos caros – e muito mais eficazes – para se conseguir isso. Daí, eu jogo aqui outra pergunta: você conhece alguém que não tem um carrão, mas tem todo o seu respeito? Ou conhece alguma pessoa rica que não gera em você admiração nem respeito, pelo contrário? Então. Quais histórias você tem se contado para justificar seus últimos gastos?

- Você quer saúde ou frequentar a academia mais cara?
- Você quer mesmo estar com amigos ou postar aquele prato do *chef* famoso na sua rede social?
- Você quer mesmo viajar ou quer contar que conheceu aquele destino que está na moda, no *hype*, na boca do povo, no *feed* do Instagram?
- Quer mesmo se vestir bem ou ter as coisas que estão na moda?

Mais uma vez, repito: não se trata de deixar de julgar, mesmo porque isso não é possível. Mas é viável olhar para os próprios julgamentos e entender que eles dizem mais sobre nós do que sobre as coisas que estão ao nosso redor. Cada julgamento é uma confissão, e quando nos desconectamos, ficamos mais vulneráveis a julgamentos externos, ao mesmo tempo em que tendemos a julgar também as outras pessoas através das nossas interpretações mais superficiais, automáticas e reativas.

Como saber o que é importante para mim?

Segundo a Comunicação Não Violenta, apesar de sermos pessoas diferentes e únicas, nossas necessidades são universais. Sim, todo mundo precisa das mesmas coisas. Posso não conhecer você, mas sei que, assim como eu, você também precisa de tudo o que a CNV define como necessidades universais. Vamos fazer um teste? Quero convidá-lo a ler com calma esta lista, palavra por palavra, e observar como o seu corpo se sente e reage. Não é o momento de se culpar ou de pensar em como resolver cada coisa. Mas apenas sentir.

NECESSIDADES HUMANAS UNIVERSAIS

CONEXÃO

aceitação amor afeto apoio apreciação	companhia compreensão comunhão confiança consideração	contribuição cooperação cumplicidade empatia encorajamento	harmonia igualdade parceria pertencimento reciprocidade	respeito ser visto(a)

INTEGRIDADE

autenticidade autocuidado autoestima autoexpressão autonomia	autoaceitação autovalorização coerência confiança	escolha espaço expressão honestidade	liberdade potência presença privacidade	propósito realização significado silêncio

SEGURANÇA

apoio confiança conforto consistência	cuidado crescimento dignidade	escolha estabilidade organização	ordem previsibilidade privacidade	proteção respeito suporte

ELABORAÇÃO

compreensão celebração	clareza elaborar perdas	luto decantação	pausa	

CRIATIVIDADE

alegria aprendizagem	diversão espontaneidade	estímulo expressão	fluxo leveza	riso

SIGNIFICADO

beleza comunhão consciência	contribuição crescimento esperança	gratidão harmonia	inspiração paz	propósito tranquilidade

FÍSICAS

abrigo água alimento	ar puro bem-estar conforto	descanso prazer saúde	sono toque	movimento relaxamento

Bem, mas se todo mundo precisa das mesmas coisas, onde está o problema? A resposta é: nos recursos que temos e nas estratégias que escolhemos para atender a cada necessidade. A necessidade é o fim, a estratégia é o meio. Reconhecendo minhas necessidades e meus valores, entendo o que é importante para mim e consigo criar mais e melhores estratégias para lidar e atender a essas necessidades, sejam elas mais caras ou mais baratas.

Você pode achar que precisa de uma viagem em família, mas se a sua necessidade for conexão com quem você ama e todo mundo passar o dia no celular, essa viagem pode se tornar uma experiência frustrante.

O importante é saber reconhecer qual é a sua necessidade para conseguir comunicar isso de forma eficiente e criar melhores estratégias para atendê-la.

O abismo entre o que precisamos, o que queremos e o que fazemos ou pedimos

"Para quem não sabe o que quer, qualquer coisa serve." Será?

Eu não poderia discordar mais dessa frase. Mesmo não tendo encontrado a autoria dela, me lembro de tê-la ouvido muito e, na minha opinião, é o oposto disso, pois para quem não sabe o que quer, nada está bom, nada serve. É o que eu chamo de insatisfação crônica. Uma vida vazia, de apenas fazer e consumir coisas que simplesmente não fazem sentido. Basta pensarmos em quantas pessoas ganham na loteria, se tornam milionárias e perdem tudo em pouco tempo. No livro *A Psicologia do Dinheiro*, de Dan Ariely, ele traz uma pesquisa que mostra que 70% das pessoas que ganharam na loteria perderam todo o dinheiro em até três anos. Isso porque milhões em dinheiro não são suficientes para quem quer comprar coisas sem entender do que está precisando. Na maioria das vezes, queremos "pedir" ou "demandar" coisas por hábito, ou por achar que esse é o "normal", sem saber o que está por trás disso, mas custa muito caro para o nosso bolso querer coisas somente "porque sim" ou "porque eu mereço".

Tudo o que fazemos ou pedimos deveria atender a alguma, ou a algumas, das nossas necessidades humanas. Mas estamos sempre fazendo várias coisas de forma automática, que em nada nos atende, ou atende a expectativas externas que foram normalizadas na sociedade do consumo. Isso nos exaure. Quanto maior nossa exaustão, mais tendemos a agir no piloto automático, a só reagir de modo completamente passivo. E é exatamente de pessoas assim que a indústria do consumo precisa: vivendo nesse ciclo de cansaço, muito obedientes e pouco questionadoras. Para termos uma ideia, vou contar o que aconteceu comigo por não olhar para dentro de mim e me perguntar do que realmente eu estava precisando.

Uma vez viajei por mais de oito horas de carro, sendo o trecho final de 40 km em uma estrada de terra. Cheguei ao chalé que havia reservado e não era nada do que as fotos ou descrição do *site* mostravam. Não havia sinal de celular, não enviaram as instruções de *check-in*. Depois de trinta minutos tocando um interfone, fomos procurar *wi-fi* em algum bar ou restaurante próximo. Baixa temporada, tudo fechado, cidade deserta. Não foi simples, mas consegui o contato e voltei ao local. O imóvel não havia sido limpo depois do último hóspede. Estava muito calor, e eu estava com fome. Decidi ir embora. E lá se foram mais 40 km de estrada de terra e algumas horas até a cidade mais próxima.

Cheguei à noite. Entrei em um aplicativo de entrega de comida e vi uma confeitaria com nota máxima, as fotos eram lindas: pronto, gastei 50 reais em bolos de pote. Sim, comprei um combo com três. Há tempos não caía numa armadilha dessas, mas eu tinha chegado de viagem com raiva, frustrada, cansada, e ainda estava cheia de trabalho e ansiosa porque daria uma palestra no dia seguinte. O modo automático me dominou. Por conta desse um minuto de impulso, gastei um valor absurdo apenas para ingerir "açúcar *gourmet*", quando tudo o que eu precisava era me alimentar bem, terminar um trabalho urgente e ter uma boa noite de sono para a palestra do dia seguinte. Contudo, o que eu fiz? Comi uma bomba de açúcar (que caiu pesado), não produzi bem e ainda tive uma noite de sono agitada (dor de estômago, refluxo, enjoo), que me impediu de descansar. E não foi só isso: obviamente, não consegui comer os três potes de bolo, e nos dois dias seguintes acabei substituindo o jantar por bolo. Não por causa de dinheiro, mas por correria de trabalho mesmo. Já estava lá, comprado, pronto, rápido, fácil e "gostosinho".

Sabe aquela frase: "Desculpa pelo que eu disse quando estava com fome"?

- **Você já teve vontade de esganar alguém, mas a "raiva" era só fome?**
- **Já teve vontade de dormir em pé quando só precisava se hidratar?**
- **Já se pegou "desinteressado" em algo ou alguém, mas na verdade era sono?**

A gente se vê querendo consumir o tempo todo. E isso nada tem a ver com as nossas necessidades. Tudo não passa de uma estratégia hedonista para tapar buracos emocionais nos quais não estamos dispostos a entrar para avaliar a fundo. Mas isso não funciona, uma vez que a maturidade mora pertinho da sabedoria que despertamos quando estamos mais conscientes.

O jeito como escolhemos gastar nosso dinheiro diz muito sobre como estamos por dentro. Às vezes, nem se trata do "o momento de vida". É aquele minuto mesmo. Basta um instante. E mesmo coisas que parecem nos aliviar de algo, só pioram tudo depois. As consequências dos impulsos vão muito além do bolso. Cansada e com fome aquele dia, tudo de que eu precisava era cuidar do meu corpo físico, mas fiz o oposto. Ao longo da vida vamos cair em muitas armadilhas como essa às vezes. Inclusive, sou adepta da ideia de reservar uma parte do orçamento para "se jogar" mesmo. Para os momentos de descompressão, de gastar sem pensar. Eu sempre uso o meu. Você pode até pensar que não compra muitas coisas, mas consumo é tudo o que trocamos pelo nosso tempo, energia e dinheiro. Nós consumimos e somos consumidos o tempo todo, seja por meio de experiências, relacionamentos, conteúdos, alimentos ou produtos. O convite que trago a você é entender quanto do seu tempo, seu dinheiro e sua energia você usa para cuidar de si e quanto usa para se sabotar.

Mesmo naquela parcela da população que já tem o básico atendido, a maioria das pessoas está quebrada, emocional e financeiramente, por consequência de querer muitas coisas – sem saber realmente o porquê – e abandonar o que precisa de verdade. Então minha sugestão é que você aprenda a reconhecer se o que você quer pedir é mesmo importante ou só um tapa-buraco superficial. Um curativo descartável para uma ferida mais profunda. Na sua lista de necessidades, pode haver uma pista sobre o que você precisa. Às vezes, queremos muito um sapato novo, quando, na verdade, só precisamos mesmo de um abraço.

Muitas vezes o que a gente mais precisa é de um abraço, mas sem saber disso, ou sem saber pedir um, entramos numa loja e compramos um sapato.

O que você quer pedir hoje? Para quem? E se pudesse fazer um pedido para si? Se não tiver uma nítida necessidade por trás disso, talvez o melhor seja não pedir, fazer ou comprar nada, por enquanto. Custa muito caro fazer pedidos que não nos atendam – para nós e para outras pessoas. Acaba por custar nossas relações, nossa saúde, nosso tempo, nossa energia e nosso dinheiro. Se todo mundo tem as mesmas necessidades, então elas nos conectam enquanto seres humanos. Mas a nossa sociedade – do consumo e do cansaço – está obcecada pelas estratégias que já conhecemos, que parecem melhores e mais fáceis, mas não são. Hoje os estímulos gerais da sociedade nos motivam a perseguir estratégias em vez de necessidades. O mundo está tão desconectado que só reproduzimos comportamentos, e o consumismo é a forma mais escancarada e evidente disso. A gente faz muita coisa para ter mais dinheiro, para comprar e fazer mais coisas, "porque sim", sem nenhum tipo de reflexão. Assim, nos esquecemos de nutrir as necessidades mais básicas como afeto, conexão, pertencimento (real, e não aquela ostentação, tão comum hoje nas redes sociais), autenticidade, apoio...

Sua ideia de liberdade o liberta dos desejos ou o aprisiona neles? Tenho um exemplo muito evidente disso, que vivi na pele: mirei na liberdade e acertei na submissão, porque a minha mente não era aberta, e muito menos livre.

Sempre tive como valores mais latentes a liberdade e a justiça. Liberdade para mim era poder fazer tudo que eu quisesse, sempre atender a todos os meus desejos. Então comecei a trabalhar aos 15 anos para ter dinheiro, mas gastava tudo, não importava quanto entrasse. Quanto mais dinheiro eu recebia, mais eu gastava. Aos 20 anos, estava usando o limite do cheque especial (conta-corrente) e do cartão de crédito. Pedindo empréstimos para cobrir outras dívidas e trabalhando à exaustão absoluta para cobrir todo esse estrago. Por querer ser livre, eu me submetia a trabalhos exaustivos e a tudo o que meu meio social considerava normal: carro, roupas e restaurantes. Sim, tudo caro, e não só no aspecto financeiro.

Resumindo, em busca da liberdade eu me aprisionei, me submeti a padrões que outras pessoas rotularam como "sucesso".

A própria busca pela liberdade me levou a uma vida que não me contemplava. Uma vida em que dinheiro nunca era suficiente, sem tempo, sem autoestima e totalmente exausta.

Isso aconteceu porque eu estava obcecada pelas estratégias de "sucesso" ao meu redor, em vez de focar na minha real necessidade de liberdade, num sentido mais verdadeiro. No dicionário, o significado da palavra "liberdade" tem a ver com independência e não submissão. É a condição que permite você a não ser submisso, possibilitando a fazer escolhas. Mas as estratégias que eu estava escolhendo me levavam na contramão disso. É muito comum que a maioria das pessoas siga o "efeito manada" e reproduza comportamentos automáticos para fazer parte de algo "maior", sem nem sequer perceber que é justamente isso que nos desconecta. É a obsessão pelas estratégias que nos cega para o que é mais importante.

Precisamos de dinheiro, mais do que gostaríamos, mas menos do que imaginamos. Não sei quando vou parar de trabalhar, e isso nem importa mais. Porque poder dizer alguns "nãos" ao longo do caminho, além de me tornar mais livre, me trouxe paz. Então, gostaria de fazer uma pergunta:

Você acha possível fazer uma lista de tudo a que vem se submetendo para ganhar dinheiro?
E de tudo a que você se submete, quando escolhe como gastar seu dinheiro?

Compre a sua liberdade primeiro, depois veja como gasta o resto.

E enquanto você pensa nisso, deixo aqui algumas dicas sobre como gastar menos.

No livro *Dinheiro Feliz: A Arte Japonesa de Fazer as Pazes com o seu Dinheiro*, o autor Ken Honda diz:

> Algumas pessoas acreditam que o dinheiro pode comprar a liberdade. Quando pensamos em liberdade, em geral imaginamos uma vida sem emprego e com a possibilidade de ir a qualquer lugar no mundo e fazer o que quisermos. Para viver assim, de uma forma tão livre, é necessário ter montanhas de dinheiro. Mas a liberdade não pode ser comprada. Mesmo que tenha todo o dinheiro do mundo, se sua mente não estiver livre, você perde as verdadeiras vantagens dessa riqueza. A não ser que consiga encontrar a liberdade no presente, você sempre voltará aos mesmos estados emocionais, ainda que tenha ganhado na loteria ou recebido uma herança inestimável. O dinheiro pode comprar coisas que o farão se sentir feliz temporariamente. No entanto, sem a verdadeira realização, que vem de dentro, a verdadeira liberdade fugirá de você. A maioria de nós tem mais liberdade e mais opções do que pode perceber. Porém, se ficarmos presos à ideia de que nossa modesta conta bancária limita a nossa liberdade, podemos perder nosso verdadeiro potencial para a felicidade. Ter um emprego com salário alto, um grande contrato ou mesmo ganhar na loteria não são o caminho para ser livre.

Você provavelmente não precisa de mais dinheiro no banco para se libertar.

Então, já que precisamos das mesmas coisas e o que muda são as estratégias para cada escolha feita (as "opções" a que Honda se refere), o dinheiro pode ser mais ou menos necessário. Muitas vezes, sentimos insatisfação mesmo fazendo muito, consumindo muito, ganhando muito dinheiro. Com frequência, não entendemos a real necessidade por trás do que fazemos ou consumimos, e precisamos sempre nos perguntar: em que aquela coisa ou ação me atende? E aí fazemos mais e consumimos mais, porque tudo isso nem sempre, e quase nunca na realidade, nutre o que é mais importante.

Saber do que precisamos de verdade nos liberta, porque abre um universo de estratégias possíveis. Nós nos sabotamos porque nossas estratégias se "disfarçam" de necessidades, como: "Eu PRE-CI-SO de um sapato novo". E nos perdemos, não sabemos o que aquela falsa necessidade está querendo dizer sobre nós. Você pode até achar que merece um sapato novo. Mas o que o sapato novo vai fazer pela sua autoestima? Talvez o efeito da compra passe antes até de chegar da loja com o sapato e colocá-lo no armário. No final das contas:

É muito armário cheio para pouca gente com a autoestima em dia.

Muito restaurante caro – muitas vezes barulhento e lotado – para tanta gente ali que não necessariamente está nutrindo a fome de alegria, diversão, comunhão, expressão, pertencimento ou autenticidade, por exemplo. Nem tudo o que você fizer vai nutrir várias necessidades ao mesmo tempo, mas é muito importante saber o **VALOR** para você, daquele **PREÇO** que está pagando.

Custa caro não saber o que, de fato, torna seus dias melhores. Paz também é a coerência entre o que eu quero ou desejo e aquilo de que realmente preciso. Porque, muitas vezes, o que queremos está do lado de fora, mas aquilo de que precisamos está do lado de dentro. Sua parte interna está coerente com a externa? O que você tem consumido para disfarçar o que não quer que ninguém veja? Sempre queremos pessoas legais por perto, ou queremos ser legais para as outras pessoas, mas, muitas vezes, não somos legais com nós mesmos.

Abraham H. Maslow, psicólogo norte-americano, ficou conhecido pela proposta de Hierarquia de Necessidades de Maslow. A Pirâmide de Maslow é dividida em cinco níveis hierárquicos. Ele colocou em sua base as necessidades de sobrevivência fisiológica, depois as de segurança física e psicológica. No meio da pirâmide, estão as relações, e depois a autoestima, concluindo com a realização pessoal (ou plenitude) no topo, tal como resume bem esta ilustração:

A PIRÂMIDE DE MASLOW

Hierarquia das necessidades humanas

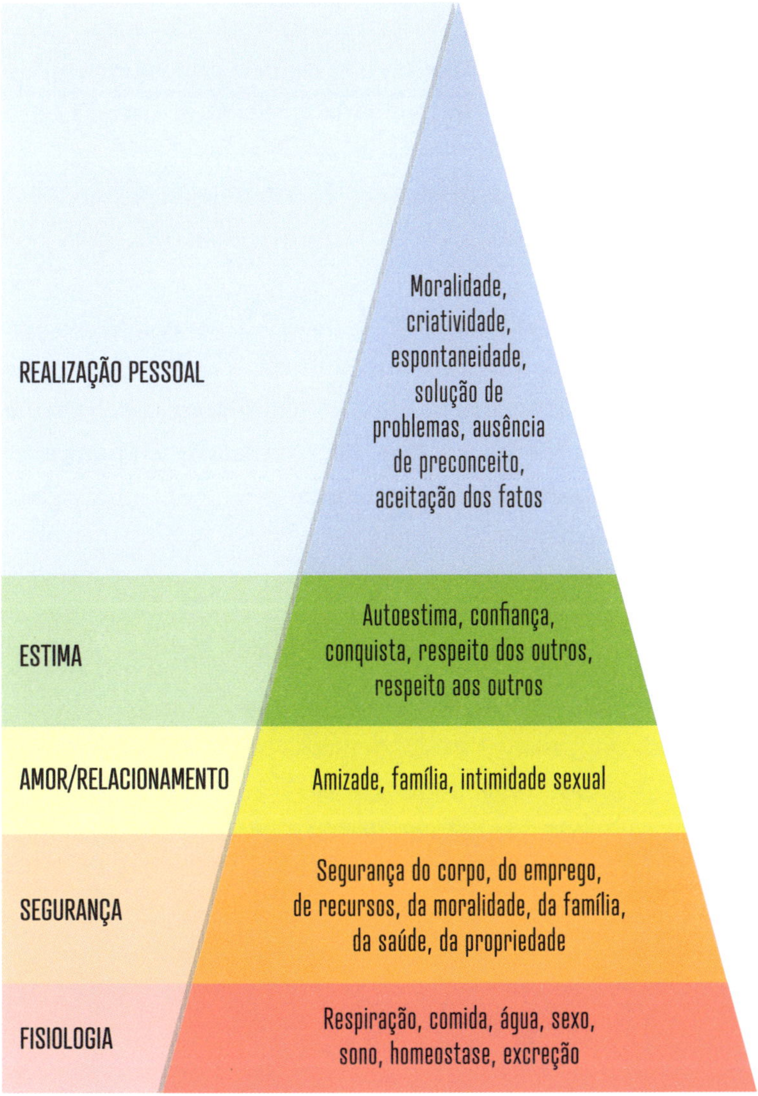

O ator Pedro Cardoso – que também é roteirista, produtor e diretor –, em uma entrevista no programa *The Noite* (9/11/2017), disse:

> Não adianta ter um bom carro se você tem uma má estrada. Você pode ter o melhor carro do mundo, se a estrada é ruim não serve para nada o bom carro. No entanto, se você tem uma boa estrada, você já nem precisa de um carro tão bom.

Da mesma forma, a base da pirâmide é a sua estrada. Se ela não estiver boa e segura, não importa o que você coloque para rodar ali, sua experiência nunca será prazerosa de verdade a ponto de você conseguir bem-estar verdadeiro e alcançar os próximos níveis de maneira satisfatória.

Sua ideia de liberdade o liberta dos desejos ou o aprisiona neles? Eu mirei na liberdade e acertei na submissão, porque a minha mente não era aberta, e muito menos livre.

O que os seus desejos estão tentando dizer?

Tentar economizar é um esforço que pode tornar a vida mais sofrida, um eterno adiamento dos desejos. Em vez disso, você pode se libertar deles. Todo desejo esconde uma falta. Desejamos coisas como sinal de que algo falta, assim como sentimos fome e sono. Mas quando nos distraímos, a fome se confunde com raiva, o sono se confunde com impaciência e todos os sentimentos e desejos se embaralham. Sem compreensão não há coerência. E sem coerência não há inteligência. Quando sentimos cansaço ou nos distraímos, entramos no piloto automático, nos desconectamos e interpretamos mal os nossos desejos. Nos afastamos das nossas necessidades e tomamos decisões que vão na contramão delas. Aí, mesmo quando atendemos aos nossos desejos, não temos a sensação de satisfação, ou ela dura muito pouco, porque a necessidade continua ali.

Adoro uma frase que ouvi numa palestra no 2024 South by Southwest (SXSW 2024), um festival que ocorre em Austin, Texas. Considerado um dos maiores eventos de tecnologia, música, inovações e cultura do mundo, do qual participam atrações de diferentes países, Esther Perel – psicoterapeuta mundialmente conhecida, autora *best-seller* do *New York Times* por trazer em seus livros uma das vozes mais perspicazes e originais no estudo de relacionamentos amorosos modernos – disse que:

"Só porque você ficou satisfeito, não significa que fez bem a você."

Essa frase para mim representa bem o que é o hedonismo e a busca por prazer imediato, com foco exclusivo no presente. Hoje já se fala muito sobre a dopamina – neurotransmissor responsável por levar informações do cérebro para as várias partes do corpo, mais conhecido como o "hormônio da felicidade" –, e como estamos viciados nela. Contudo, nem o presente se satisfaz se não prestarmos atenção no que está faltando de verdade. Daí, eu trago mais uma pergunta:

O que os seus desejos estão tentando dizer?

Um exercício interessante a ser feito é investigar por que seus instintos o levam a desejar algumas coisas e se perguntar:

Por que diabos eu "cismei" com isso? Que preço estou disposto a pagar por isso, que vai além do que está na etiqueta?

Quando avaliamos nossas prioridades e temos consciência do que realmente nos traz vida, podemos gastar com mais confiança, sabendo que o dinheiro está sendo usado de maneira inteligente. Assim, começamos a fazer mais e mais perguntas antes de simplesmente jogar fora nosso dinheiro de forma impulsiva e automática. Por exemplo:

**O que não tem preço para você?
O que você não trocaria ou não venderia
nem por todo o dinheiro do mundo?**

Isso é o que mais importa! O que está mais vivo em você hoje. Qualquer gasto que o afaste disso, foge à sua essência, ao que é mais importante.

**O conceito de "estar conectado
consigo mesmo"
pode parecer muito subjetivo,
mas é simplesmente a coerência entre
o que precisamos,
o que queremos,
o que consumimos,
o que dizemos e
o que fazemos.**

Quem nós somos – ou estamos – é esse conjunto de coisas. E estar conectado de forma verdadeira é ter coerência entre elas. E eu vou, propositalmente, ser repetitiva com essa palavra ao longo do livro: **COERÊNCIA**. Porque, no final, todo mundo quer ter paz, e ela vem dessa conexão, dessa coerência. Isso já explica porque existe tanta gente rica que não tem paz. Eu acredito que muita gente está perdida nos dias de hoje pela simples incoerência entre o que se quer, precisa, consome, diz e faz.

E você? O que é mais importante para você agora? Se a resposta for uma "coisa", isso é só uma das estratégias possíveis de atender a alguma necessidade mais profunda. Eu aconselho que volte na listinha de necessidades humanas (p. 64) e nas perguntas anteriores e refaça o exercício para entender o que está mais vivo aí dentro.

Fazendo uma analogia à máxima "penso, logo existo", de René Descartes, na atualidade, nosso *modus operandi* é "FAÇO, logo TENHO, logo SOU". Vou explicar melhor com um exercício que realizei pela Synergy Education, Inc. Nova York, NY EUA (www.synergyeducationinc.com). Embora a base desta distinção seja antiga, o método que compartilho aqui vem do currículo de treinamento da Synergy.

Vamos lá?

1. Pense em algo grande que você deseja ter hoje. Qualquer coisa: um carro caro, uma casa maior ou na praia, um sítio, um barco, uma viagem dos sonhos... Pode voar longe e escrever abaixo. Mas precisa ser grande mesmo, sem limite de preço.

Eu gostaria muito de ter um(a) ____________________________.

2. Agora pense em tudo o que você precisa fazer para conseguir isso. Exemplo: Se eu, Rubia, quiser construir uma casa na praia, preciso:

- **Calcular orçamento.**
- **Trabalhar mais que hoje ou ganhar mais dinheiro que atualmente.**

- Gastar menos e economizar mais.
- Buscar corretores.
- Encontrar opções de terreno.
- Visitar todas as opções.
- Fazer propostas.
- Checar documentação.
- Definir a forma de pagamento, realizar trâmites bancários.
- Fazer a transferência do terreno em cartório.
- Buscar um profissional para fazer o projeto.
- Conseguir autorização do projeto na prefeitura.
- Buscar profissionais para a obra.
- Acompanhar a obra.
- Pesquisar preços para a mobília.
- Calcular orçamento para a mobília garantir recursos para ela.
- Escolher e comprar a mobília.
- Acompanhar a entrega dos móveis e dos utensílios.
- Montar a mobília.
- Definir itens de decoração.
- Testar para que tudo funcione.
- Fazer todos os ajustes ou adequações necessárias.
- Definir a rotina de limpeza (e contratar alguém, se for o caso).
- Garantir as manutenções periódicas.
- Contratar e acompanhar as manutenções.

Com certeza esqueci de alguma coisa nessa lista. Mas isso é o menos importante. Meu objetivo é trazer uma reflexão sobre como, muitas vezes, pensar em tudo o que uma vontade nos custa já vira um teste para ter certeza se queremos mesmo algo. E, quando vamos caminhando numa direção mais minimalista, muita coisa já perde o sentido completamente.

Vamos lá. Agora é a sua vez. Escreva aqui tudo o que precisaria fazer para conseguir aquela coisa grande que você quer.

- ______________________________
- ______________________________
- ______________________________
- ______________________________
- ______________________________
- ______________________________
- ______________________________
- ______________________________
- ______________________________
- ______________________________
- ______________________________
- ______________________________
- ______________________________
- ______________________________
- ______________________________
- ______________________________

3. Agora você vai entender um pouco o porquê dessa vontade. O que você quer nutrir com ela. Vou seguir o exemplo da casa na praia.

Eu quero uma casa na praia **para** receber e estar com pessoas que eu amo.

Com isso vou nutrir a minha necessidade de:

- Diversão
- Lazer
- Alegria
- Pertencimento
- Celebração
- Conforto
- etc.

Agora é a sua vez: resuma em uma frase por que você quer o que quer e depois coloque quais necessidades humanas universais serão atendidas com isso (deixo novamente a lista abaixo, para apoio).

- Eu quero ________________________________.
- Porque / para ________________________________.
- E assim poder atender à minha necessidade de:
    - ________________________________.
    - ________________________________.
    - ________________________________.
    - ________________________________.

Deixo aqui uma "colinha" para facilitar:

Autonomia - Inspiração - Honestidade - Ordem - Autenticidade - Lazer - Integridade - Alegria - Presença - Diversão - Escolha - Pertencimento - Liberdade - Cooperação - Espaço - Comunicação - Espontaneidade - Interdependência - Expressão - Comprometimento - Significado - Coerência - Compreensão - Reconhecimento - Celebração - Respeito - Clareza - Segurança - Contribuição - Estabilidade - Sentido - Apoio - Luto - Suporte - Inspiração - Afeto - Realização - Conforto - Evolução - Confiança - Esperança - Sustentabilidade - Aprendizado - Proteção - Amor - Paz - Descoberta - Beleza - Criatividade - Comunhão - Valorização - Bem-estar - Crescimento - Equidade - Conexão - Harmonia - Empatia - Aceitação

Bem, agora seu desejo tem os porquês bem definidos. Conseguimos justificar nossa vontade com algo genuíno e humano. Esse exercício é bom, porque nosso cérebro tende a ser mais advogado do que cientista. Enquanto o cientista coleta várias evidências para formar uma tese, o advogado parte de uma tese para buscar evidências que a confirmem. É como se primeiro escolhêssemos uma "verdade" e depois usássemos a "razão" para justificá-la. Como aquela máxima popular: "Quis **COMPRAR, COMPREI, EU MEREÇO E PONTO**". Depois, tentamos encontrar algo que explique o motivo, quase uma prova de que "realmente precisávamos" daquela compra que fizemos por impulso. Você se identificou?

Isso é um viés cognitivo comum em nosso pensamento e tomada de decisão e pode ser explicado pela teoria dos sistemas 1 e 2 do cérebro, apresentada por Daniel Kahneman em seu livro *Rápido e Devagar – Duas Formas de Pensar*:

- O sistema 1 é o rápido, automático e reativo, toma decisões com base em atalhos cognitivos e intuições. Gera respostas instantâneas e emocionais a estímulos, muitas vezes defendendo preconceitos e crenças arraigadas.
- O sistema 2 é o lento, analítico, consciente e esforçado. De análise mais profunda e, portanto, consome mais energia mental.

Em muitos casos, principalmente quando não temos muita energia disponível, por cansaço, por exemplo, nosso cérebro tende a operar em um modo mais rápido e intuitivo (sistema 1) em vez de realizar uma análise mais profunda e crítica (sistema 2). Isso pode levar a comportamentos automáticos, muitas vezes sem questionar ou refletir sobre eles. Essa tendência do cérebro "advogado" pode nos levar a tomar decisões enviesadas, ignorar evidências contrárias e resistir a mudanças de opinião, uma vez que o sistema 1 tende a seguir rotas mentais já estabelecidas, buscando confirmação de crenças preexistentes.

Por falar em cansaço, o sociólogo e filósofo sul-coreano Byung-Chul Han, autor do livro *A Sociedade do Cansaço*, tem uma frase famosa que diz:

"Numa Sociedade do Cansaço estamos sempre fadados a falhar. Se não com o trabalho, com a família. Se não com a família, com os amigos. Se não com os amigos, com os projetos pessoais."

Ele discute como a sociedade do cansaço está intrinsecamente ligada ao consumismo e à busca constante por mais, e argumenta que a cultura do consumo pode ser uma fonte significativa de estresse e exaustão. A incessante busca por mais bens materiais, a necessidade de manter uma imagem nas redes sociais, e a constante comparação com os outros levam a uma pressão enorme sobre os indivíduos, além de causar uma sensação de vazio e falta de significado na vida. As pessoas podem acabar empregando tempo e energia em coisas que não lhes proporcionam satisfação real, o que aumenta a sensação de cansaço e frustração. Resumindo, ele sugere que a indústria do consumo desempenha um papel na criação de uma sociedade exausta e superestimulada. Ou seja, a gente acha que compensa o cansaço consumindo, mas é o oposto disso.

Voltando para o exercício, essa última parte é aquela na qual vamos tentar justificar ou racionalizar o nosso desejo, a nossa vontade. Contamos muitas histórias a nós mesmos para nos convencer de que precisamos de algo. E um jeito bonito de humanizar essa vontade é trazendo necessidades tão humanas e genuínas.

Entramos numa dinâmica de "quero ter algo, então tenho que fazer *versus* quantidade de coisas para nutrir necessidades muito naturais e básicas". Nos agarramos ao que queremos ter, como meio para alcançar o que mais importa: quem queremos ser.

E se nos distraímos, invertemos os valores, e o meio (ter) passa a ser mais importante que o fim (ser).

Em nossa sociedade o "ter" virou o centro de tudo. Passamos uma vida toda fazendo uma infinidade de coisas para conseguir o que queremos, porque achamos que só a partir daí, então, conseguiremos nos sentir plenos com as necessidades mais importantes atendidas. E é exatamente essa lógica que tornou nossa felicidade um destino, em vez da jornada. Nossas vidas vão passando e vamos colocando prazos, etapas e metas para sermos felizes:

Quando eu me formar, serei feliz, quando casar, quando comprar minha casa, quando tiver mais dinheiro... vai chegar o dia em que serei mais feliz...

Mas o que queremos, na verdade, é ir na contramão de tudo isso. Precisamos urgentemente virar do avesso essa lógica. Mas como? Invertendo a regra do TER → FAZER → SER para a regra do SER → FAZER → TER. Vou explicar melhor por meio de outro exercício.

Trouxemos antes a ideia de querer algo e depois explicar:

- quero algo (TER)
- portanto preciso fazer coisas (FAZER)
- porque preciso atender às minhas necessidades mais humanas (ESSÊNCIA-SER)

É assim que, geralmente, fazemos e, dessa forma, colocamos a nossa essência por último. Quem eu sou passa a depender do que eu tenho e, portanto, faço mil coisas para ter algo e poder ter o "direito de ser" alguém. Violento isso, não é mesmo?

Meu convite agora é entendermos que as necessidades humanas são a nossa essência e formam quem somos. Elas devem vir em primeiro lugar e nos mostrar o que está mais urgente em nós no momento. Então, nossas necessidades – de lazer, alegria, pertencimento, reconhecimento, afeto, realização, conforto, amor, paz, bem-estar, conexão, aceitação etc. – vêm antes da casa na praia. Isso significa que é importante nutri-las hoje com as estratégias que estiverem disponíveis, enquanto a casa não chega, ou até independentemente da casa, se nossa realidade for muito distante da possibilidade de tê-la um dia.

Quando começamos pelas necessidades – em vez de usá-las como justificativa –, estamos nos escutando primeiro, e nos conectando com nossa própria essência. Nos desapegamos do *ter*, daquela obsessão pela estratégia, e direcionamos o foco primeiro para a necessidade. E é nessa direção que encontramos inovação e criatividade para o que precisamos de verdade. Com isso tudo bem explicado, comece a prestar atenção no que você quer, e a diferença disso para o que você precisa. Inverta o jogo. Pegue o mesmo empenho que usa para se convencer de que precisa de algo e se convença do contrário. Dá trabalho no começo, mas só melhora com o tempo.

Nunca é demais lembrar que a Comunicação Não Violenta nos mostra que nós, seres humanos, temos as mesmas necessidades e o que nos torna seres únicos são as estratégias que usamos para atendê-las.

Eu expliquei nosso *modus operandi* "TER-FAZER-SER". Agora vou contextualizar um pouco para praticarmos o "SER--FAZER-TER". E com isso repensar a ideia de que cada escolha é uma renúncia.

Exemplo: Antes, comecei pelo TER e justifiquei que a casa na praia iria nutrir a minha necessidade humana e completamente genuína de diversão. Agora eu vou começar pelo SER, pela necessidade essencial: quero atender à minha necessidade de diversão (humana e universal).

Estando consciente disso, posso criar várias estratégias (FAZER-TER):

- Assistir a um filme em família.
- Convidar amigos e amigas para virem em casa.
- Ir a um parque.
- Ir a uma festa.
- Dar uma festa.
- Viajar para a Disney.
- Comprar uma casa na praia.
- Etc.

Existe uma frase muito famosa de Marshall Rosenberg que diz que "a violência é uma resposta trágica a uma necessidade não atendida". Por meio do que está contido nessa frase, não acredito que podemos escolher ou renunciar a uma necessidade. Elas estão aí, e permanecerão. É como a fome e o sono: eternas e recorrentes. Abrir mão de uma necessidade é muito violento para mim e isso reverbera nas minhas relações e no âmbito social. Basta olharmos para países mais pobres e as consequências de uma população que não tem as necessidades mais básicas atendidas. O dinheiro compra sobrevivência e dignidade. Mas o que nos faz *sentir* vivos vai além de *estar* vivo.

O que nos faz sentir vivos vai além de estar vivo.

O trabalho que estou desenvolvendo e compartilhando por meio deste livro é voltado a um público que já vive com alguns privilégios. Que não vive em insegurança alimentar e pode contar com um teto para dormir. Dito isto, conto para vocês o que, na minha opinião, diferencia a mentalidade de abundância da mentalidade de escassez. E isso tem a ver com escolher ou renunciar a estratégias, e não a necessidades. Quando estou conectada às minhas necessidades, as estratégias que escolho podem custar mais ou menos dinheiro. Então não se trata de não nutrir o que é mais importante, mas de entender como as estratégias que escolho podem impactar no meu bolso.

Posso querer ter uma casa na praia para nutrir a necessidade de comunhão, pertencimento e afeto (receber pessoas que amo). Mas daí surgem algumas perguntas: será que realmente é uma casa que falta para eu ter tudo isso na minha vida? Será que, no final das contas, a minha preocupação em querer que todo mundo esteja presente, e curtindo de verdade o fim de semana, vai só aumentar minha ansiedade? Será que quando as pessoas não ajudarem nas tarefas da casa eu vou me sobrecarregar em vez de aproveitar? Ou quando elas não quiserem ir, isso seria um motivo de frustração para mim? Será que os gastos com essa casa me fariam abdicar de outras coisas importantes? Será que ela geraria ainda mais preocupação financeira?

Também posso querer ter uma casa maior para nutrir a necessidade de conforto. Mas seria esse custo extra o responsável por tirar de mim outros "confortos"? Será que um aluguel mais caro me impossibilitaria de ter um meio de locomoção mais confortável, ou férias mais confortáveis, por exemplo? Ou pior... um futuro sem o mínimo de conforto garantido? É muito brutal pensar em renunciar ao básico. Mas sabendo o que é mais importante, podemos inovar e criar estratégias melhores, para meu eu de agora e o meu eu do futuro.

Assim, não estamos cogitando aqui escolher entre uma ou outra necessidade (idealmente). Saber a diferença entre necessidade e estratégia é o que nos leva da mentalidade de escassez para a de abundância. Consumismo não é necessidade. Casa grande não é necessidade. Sucesso, para mim, é poder nutrir aquilo que é mais importante na vida. Percebem que é sutil a diferença? Mas faz toda a diferença!

Quando comecei a refletir sobre tudo isso, eu tinha dificuldade em responder o que era mais importante para mim, e parecia difícil escolher uma coisa só. Na verdade, é impossível, porque não se trata de uma questão de escolha. A CNV diz que as necessidades são intrínsecas, naturais do ser humano. E que elas não cessam, assim como fome e sono, que precisam ser atendidas e de forma recorrente. Então, assim como ninguém pode comer por mim quando estou com fome, ninguém pode descansar por mim quando estou cansada, ninguém pode suprir necessidades que são minhas. Só é preciso prestar atenção no que está mais vivo em cada momento.

Somos criaturas relacionais e interdependentes, de forma que precisamos nos relacionar para atender muitas de nossas necessidades, mas não devemos atribuir a ninguém a responsabilidade por nos nutrir. Isso por três motivos: porque (1) é uma maneira egoísta de se relacionar, (2) nos aprisiona e (3) causa dependência emocional. É uma violência para fora e para dentro.

Exemplo: **"Meu chefe não reconhece meus esforços"**.

E daí eu pergunto: **O que é reconhecimento para você?** Aumento de salário, promoção, flexibilidade de horário, dia de folga, *home office*? Além disso:

- Como você tem se nutrido de reconhecimento fora do seu trabalho?
- Você recebeu reconhecimento na infância?
- Recebe hoje, dos pais, filhos e/ou familiares?
- E da pessoa com a qual se relaciona (ou das pessoas)?
- Nas amizades, também?
- Seria capaz também de oferecer a si e às pessoas esse reconhecimento que tanto espera de fora? Quantas vezes na vida você fez uma lista de pendências e afazeres e quanto tempo se dedicou a celebrar as coisas cumpridas, realizadas, aprendidas e conquistadas?

Se essas reflexões causarem algum incômodo, saiba que proponho todas essas perguntas a você depois de tê-las feito a mim mesma, inúmeras vezes. Você não precisa responder nem resolver tudo agora, até porque a vida me ensinou que talvez o "resolver tudo" nem exista. A direção importa mais que a velocidade, e buscar sua essência é a melhor direção que você pode escolher hoje: a da coerência.

Ame as pessoas e busque relações saudáveis: viver é a arte de se relacionar. Mas não dependa de alguém. Somos seres interdependentes, mas quando bate a fome e o sono, ninguém pode comer e dormir por nós. Eu te convido aqui a fazer uma lista de tudo o que você fez nos últimos doze meses, coisas que fez pela primeira vez, coisas que aprendeu, ou nas quais se superou, pessoas que apoiou, elogios ou gestos de gentileza que distribuiu, doações que fez, ou simplesmente as tarefas básicas que cumpriu (às vezes elas já são suficientemente desafiadoras em alguns contextos).

- ______________________________
- ______________________________
- ______________________________
- ______________________________
- ______________________________
- ______________________________
- ______________________________
- ______________________________
- ______________________________
- ______________________________
- ______________________________
- ______________________________

Como foi fazer esse exercício? Fácil ou difícil, quero dar os parabéns e dizer que agora, sim, estamos prontos para olhar para o que "falta" ou o que está precisando de mais atenção. Você tem escolhido estratégias realmente eficazes para nutrir suas necessidades?

- **O que quero (vontade/desejo - FAZER): extravasar.**
- **O que faço (estratégia - TER): compro um sapato novo.**
- **O que eu realmente precisava (necessidade - SER): acolhimento.**

Tudo que é verbo é ação e, portanto, estratégia. As necessidades estão mais ligadas aos nossos valores, sendo coisas que não são coisas, na verdade.

Meu avô sempre me dizia: O BARATO QUE EU NÃO PRECISO É CARO. Eu só entendi essa frase quando aprendi a olhar para minhas reais necessidades e entender que a maior parte do tempo eu as estava negligenciando, porque era mais fácil presumir que eu "precisava" de várias coisas do que investigar o verdadeiro significado disso. Quando temos lucidez em relação às nossas necessidades e optamos de forma consciente por uma estratégia, as outras possibilidades deixam de ser *renúncia* e passam a ser *escolha*. Não existe mais a sensação de perda, causada pela mentalidade escassa de antes.

Então vamos continuar e nos exercitar de novo, agora no modelo SER – FAZER – TER. Quando eu me conecto com os meus valores (SER), eu naturalmente ajo (FAZER) de acordo com eles, e a consequência disso é olhar para meus desejos e impulsos com mais presença para buscar (TER) só o que for essencial.

1. Observe de novo a lista das necessidades universais a partir desse novo olhar.

2. Reflita sobre qual é o significado de cada uma delas para você.

Exemplo: O que é "liberdade" para você? Lembra-se do meu episódio sobre meu conceito de liberdade e como ele me aprisionava? Entenda o que está mais vivo dentro de você (observe qual sensação que você experimenta ao ler cada uma delas, e se alguma desperta incômodos).

3. Anote as que precisam de mais cuidados agora.

1. ____________________
2. ____________________
3. ____________________
4. ____________________
5. ____________________
6. ____________________
7. ____________________
8. ____________________
9. ____________________
10. ____________________

4. Crie estratégias (a sós ou com quem você ama) para atender a cada uma. Você pode anotar nas próximas páginas. Sugiro, ao menos, três estratégias (com até uma opção barata ou gratuita) para cada necessidade mais latente.

Exemplo:

Necessidade: colaboração (pensando na limpeza do ambiente doméstico).

Estratégias possíveis:

- Contratar um profissional para a limpeza.
- Comprar um robô aspirador.
- Mudar para uma casa menor.
- Fazer um acordo específico de divisão de tarefas com quem mora comigo.
- Separar um momento da semana para limpar a casa.

Talvez a divisão de tarefas com quem eu moro signifique abdicar de tempo de qualidade juntos, ou pelo contrário. A simples atividade de cuidar juntos da casa num dia específico da semana pode se tornar um momento de colocar uma música, aprender como cada pessoa realiza uma tarefa, além de ser uma forma de agilizar tudo para sobrar mais tempo de qualidade para desfrutarem juntos depois.

Cada estratégia tem seus desdobramentos, e é uma experiência muito rica refletir e conversar sobre isso. Agora é a sua vez! Vamos lá?

1. Necessidade:

Estratégias possíveis:

- ____
- ____
- ____

2. Necessidade:

Estratégias possíveis:

- ____
- ____
- ____

3. Necessidade:

Estratégias possíveis:

- ____
- ____
- ____

4. Necessidade:

Estratégias possíveis:

- ____
- ____
- ____

5. Necessidade:

Estratégias possíveis:

- ____
- ____
- ____

6. Necessidade:

Estratégias possíveis:

- ____
- ____
- ____

7. Necessidade:

Estratégias possíveis:

- ____
- ____
- ____

8. Necessidade:

Estratégias possíveis:

- ____________________________
- ____________________________
- ____________________________

9. Necessidade:

Estratégias possíveis:

- ____________________________
- ____________________________
- ____________________________

10. Necessidade:

Estratégias possíveis:

- ____________________________
- ____________________________
- ____________________________

Posso ter só 50 reais e sugerir uma pizza em vez de um restaurante caro. Se, para pertencer e me sentir uma pessoa querida, eu "tiver que" frequentar X lugar e usar roupas Y, talvez eu precise cuidar mais da necessidade de segurança e autoestima antes de querer ter mais dinheiro. Se "toda violência é uma resposta trágica a uma necessidade não atendida", pergunto a você: o consumismo é mesmo autocuidado ou uma resposta trágica a uma necessidade não atendida? E repito: você precisa mesmo de um sapato novo, ou de um abraço?

Há quem diga que, sem autoestima, uma pessoa não consegue experimentar plenamente a felicidade e a riqueza, ainda que elas caiam no seu colo ou que a pessoa já tenha nascido "em berço de ouro". Eu concordo com isso, mas reforço o convite para não atropelar o básico na busca por ela. Autoestima vem antes da autorrealização e da plenitude, mas antes dela vem muita coisa (se tiver dúvidas, volte à pirâmide atribuída a Maslow, na p. 75).

Agora entramos num outro pilar da CNV, que explica as nossas emoções e nossos sentimentos. E o melhor caminho para saber do que precisamos é identificar o que estamos sentindo. Por exemplo: posso estar com um incômodo meio abstrato, ou presa na raiva. Quando identifico que, na verdade, estou me sentindo confusa ou desconfiada, sei que o que preciso é transparência, nitidez. Ou se me sinto cansada, preciso de descanso. Resumir o que sinto a "estou bem" ou "estou mal" não ajuda em nada, porque fica difícil identificar qual necessidade está pedindo atenção. Então, vamos falar mais sobre isso no próximo capítulo.

**O barato que eu
não preciso é caro.**

Capítulo 4

O LADO DE DENTRO:
O DINHEIRO E OS NOSSOS SENTIMENTOS

"O dinheiro não é necessário para comprar uma única necessidade da alma."
— Henry Thoreau

Sim. É onde tudo começa e termina. É por onde tudo passa. O dinheiro não pode comprar o que mais precisamos depois de nutrir nosso fisiológico. Paz e amor não se compram nem com todo o ouro do mundo. E a paz é uma busca prioritária. Um vazio emocional jamais será preenchido com algo material. Igualmente, se você gasta para reparar uma dor, não tem jeito: vai se decepcionar, e muito mais rápido do que pensa.

Outro pilar da Comunicação Não Violenta é o dos sentimentos. Passamos pela observação, pelas necessidades e agora entraremos com mais detalhes na parte emocional das finanças. Falamos sobre as coisas que acontecem e as histórias que contamos a nós mesmos a partir dos fatos, e como nossas interpretações têm mais a ver com o nosso repertório individual do que com os acontecimentos em si.

Com os sentimentos, a dinâmica é a mesma: eles dizem mais respeito a mim e ao meu histórico do que àquilo que, de fato, aconteceu em minha vida. Duas pessoas podem reagir de formas totalmente diferentes a um episódio, tendo repertórios totalmente distintos, ou mesmo sendo irmãos gêmeos. E não só. Eu posso ouvir a mesma frase de duas pessoas diferentes e isso me gerar sentimentos diversos. De igual modo, uma pessoa pode me dizer algo em momentos díspares do dia, e eu posso receber isso de diversas maneiras. Coisas que me incomodavam há vinte anos não me incomodam mais. Assim como há coisas que não me incomodavam antes, mas agora eu não tolero. Ou seja, eu sinto de acordo não só com o que foi dito ou feito, mas também com o meu repertório, minhas expectativas e minha condição interna no momento em que algo acontece. Se minha autoestima está boa e eu recebo uma crítica, ela me impacta de forma diferente dos dias em que estou com a autoestima baixa. Quando entendo que meu sentimento conta algo sobre mim – e não sobre a outra pessoa –, eu me liberto emocionalmente. Devolvo a mim mesma o poder de endereçar as minhas emoções, pois sei que ter uma emoção despertada por alguém é totalmente diverso de entregar a essa pessoa a responsabilidade pelo que eu sinto.

Uma vez que alcanço essa libertação emocional, é importante conhecer essas emoções e nomear esses sentimentos. E eu só consigo fazer isso se realmente me permitir sentir. Acolher as emoções nada mais é do que olhar para elas sem lhes dar mais importância do que têm, a ponto de me paralisar, nem menos importância, a ponto de me fazer negligenciar ou ignorar o problema. Até porque o que causa dano não é o sentimento, é a necessidade não atendida. Ninguém morre por sentir fome, mas pela falta de alimento. Ninguém morre por sentir cansaço, o corpo colapsa por falta de descanso. Ninguém se deprime porque se sentiu vazio só um dia… a gente se deprime por não cuidar disso, buscando fontes rasas e ineficientes de afeto, conexão, pertencimento.

Então, pode parecer duro o que vou dizer aqui, mas é o que acredito, e isso tornou minha vida melhor, pois me libertou: nossos sentimentos são apenas nossos e ninguém tem culpa deles.

Quero aproveitar para fazer aqui uma reflexão e compartilhar um pequeno lembrete: temos uma legislação vigente e códigos morais e éticos na sociedade para garantir as liberdades individuais e os direitos humanos, na tentativa de criar um ambiente com igualdade, equidade, diversidade e inclusão. Ciente de toda a violência estrutural e desigualdades que vemos hoje, e de outros cenários, como o de depressão ou outros transtornos, eu me refiro aqui a sentimentos de pessoas com boa saúde, causados por conflitos do dia a dia, cujo ambiente ofereça a segurança psicológica adequada para trocas honestas.

Segundo a CNV, nossos incômodos são um alerta de que algo – uma ou mais necessidades – precisa de cuidados. Eu acredito que o desejo vem como forma de incômodo, de um motivador para a ação. Mas só por estar vulnerável com esse incômodo, tendemos a entrar no modo automático e agir no impulso, fazendo o contrário do que nossos sentimentos estão pedindo. Nessas horas, é importante parar, perceber e tensionar um pouco esse desejo ou incômodo, para cuidar dele.

Vou exemplificar com um pequeno e rápido exercício: há alguma parte do seu corpo tensa neste momento? Testa, língua, dedos das mãos, joelho, pés, coxa, ombros, mandíbula/maxilar... Achou algum? Agora tensione mais, bem forte... e depois, relaxe.

Vamos pensar em algumas situações: uma criança pode ficar muito feliz ao ganhar um chocolate da mãe, mas imediatamente furiosa se essa mãe der dois chocolates para o irmão, por exemplo. Por que isso acontece? O chocolate está ali, ela antes não tinha nenhum, então deveria estar feliz, mas, mesmo assim, não se conforma.

Antes de entrar nos possíveis motivos para revolta, é importante mencionar que as crianças, em sua maioria, são muito compassivas e empáticas, inclusive no que diz respeito à comida, e até com pessoas estranhas. Existem vários estudos e experimentos que comprovam isso. Um dos mais conhecidos é o de Felix Warneken e Michael Tomasello. No experimento, uma criança recebia duas partes de um sanduíche enquanto outra não recebia nada. Observou-se que muitas crianças espontaneamente compartilhavam o alimento, indicando uma propensão natural à compaixão e ao senso de justiça. Esses estudos sugerem que o altruísmo e a empatia são características inatas que se manifestam nos primeiros anos de vida.[3]

Agora voltando à situação do chocolate: ver o irmão ganhar dois pode despertar na criança vários sentimentos por necessidades que foram desatendidas, de acordo com as interpretações que essa criança der à situação.

- **Pode sentir raiva por considerar que é injusto.**
- **Pode sentir culpa por achar que fez algo errado e não merece tanto quanto o irmão.**
- **Pode sentir solidão por achar que foi excluída ou menos considerada.**

- **Pode sentir indignação por falta de igualdade na situação.**
- **Pode se sentir perdida por falta de compreensão, de transparência em relação ao que teria motivado esse tratamento desigual entre os irmãos.**

Ou seja, ela não tinha nada, ganhou um, ficou feliz. Mas ver o irmão ganhar dois pode despertar sensações que a deixam pior do que ela estava sem chocolate algum. Parece não fazer sentido, mas quando olhamos a necessidade por trás dessa emoção (justiça, pertencimento, valorização, consideração, compreensão, transparência, igualdade etc.), conseguimos compreender melhor.

Nós, adultos, fazemos muito isso. A sexta-feira é um dia de trabalho, mas que nos gera uma sensação de bem-estar, pela proximidade do descanso e das expectativas do fim de semana. Diferente do domingo, que pode gerar um estado mais triste ou ansioso, mesmo sendo um dia sem expediente, se estivermos com os pensamentos voltados para o fim do descanso e a semana de trabalho que ainda nem chegou. Ou seja, não aproveitamos o "chocolate", ou melhor, o descanso que temos, e focamos no que não temos. Estamos com o pensamento em outro lugar.

Quer ver um cenário pior? Uma sexta-feira pós-feriado, no qual todo mundo emendou, menos você. Mesmo tendo descansado ontem e sabendo que amanhã já é sábado de novo, dá um incômodo ver seus colegas curtindo e você trabalhando, não é? Então o que está em pauta aqui não é "a ponte do feriado". São as expectativas que se tinham, quais necessidades não foram atendidas e quais histórias que contamos a nós mesmos a partir disso, como necessidade de justiça: "Meu chefe de folga e eu aqui, isso é muito injusto!".

Ou ainda exemplos como estes:

- Necessidade de igualdade: "A outra equipe teve folga e a nossa não, porque meu chefe é carrasco".
- Necessidade de reconhecimento: "Bati a meta, não custava meu chefe me dar folga, que insensível!".
- Necessidade de apoio: "Faço além da minha função e só ouço "não". Chefe egoísta!"
- Necessidade de compreensão: "A gente só cumpre ordens sem sentido, porque meu chefe é um ditador, um autoritário".
- Necessidade de confiança: "Ele tinha me prometido a folga e não cumpriu, isso é injusto! Chefe mentiroso!".
- Necessidade de pertencimento: "Todo mundo lá e eu aqui, só eu".

Reparou que o sentimento muda de acordo com a história que contamos a nós mesmos? Que muitas vezes sofremos mais pelas interpretações que fazemos do que pelos fatos?

Contudo, mais importante do que achar certos e errados, vítimas e vilões, é entender o que aconteceu, o que contamos a nós mesmos e como isso fere as nossas necessidades. Vamos continuar a passar por várias situações, e a forma como reagiremos e atravessaremos os conflitos vai depender de como investigamos essa dor, separamos o que aconteceu das histórias que nos contamos e como comunicamos as nossas necessidades para as pessoas envolvidas, garantindo espaço para ouvi-las também. E para isso é necessário presença.

Atender a todos os nossos **desejos** é agir como uma pessoa mimada e imediatista. O que não teria problema nenhum, se isso *realmente* atendesse às nossas **necessidades**. Vários estudos comprovam que dinheiro traz, sim, felicidade, mas até o momento em que as necessidades básicas de sobrevivência e possibilidade de algumas escolhas estão atendidas. Resumindo, acima de certa quantia, que nem é tão alta, mais dinheiro não equivale a mais felicidade. Ao menos não proporcionalmente.

O resultado emocional que o dinheiro traz está mais atrelado à redução de preocupações com subsistência, segurança e saúde do que com aumento de felicidade conforme aumento de consumo e conforto material. Então, por que seguimos gastando com consumo e conforto material em vez de garantir recursos para reduzir inseguranças e preocupações? Por que compramos coisas em vez de tentar comprar nossa paz, liberdade e mais tempo para nós? Como ferramenta, é importante ampliar nosso repertório de palavras para expressar e entender esses sentimentos, porque eles são o canal de comunicação entre nós e as nossas necessidades. É por isso que dizemos que não existe sentimento bom ou ruim. Na realidade, em muitas situações, eles são apenas mensagens que nos trazem informações do tipo: "Maravilha, estou alimentada" ou "Opa, tem algo faltando aqui". Precisamos ouvi-los e, para compreendê-los, é preciso enriquecer essa linguagem.

Se eu pedisse que você pensasse em todos os sentimentos que já vivenciou – sem olhar a lista a seguir –, quantos conseguiria listar? Se quiser testar, pode começar. Use a próxima página em branco para completar a frase abaixo, listando o máximo de sentimentos que conseguir se lembrar.

Eu já me senti ______________________________ .

Coloque aqui todos os sentimentos que conseguir se lembrar.

Eu nunca conheci alguém que tenha conseguido colocar mais de trinta palavras. Mas está tudo bem, isso não é uma competição. Apenas uma forma de entender mais sobre nós mesmos. Veja a próxima lista. Assim como a de necessidades, a CNV nos ajuda a ampliar nosso repertório de sentimentos.

COMO NÓS HUMANOS PODEMOS NOS SENTIR QUANDO AS NECESSIDADES SÃO ATENDIDAS

AFETUOSO
Amoroso
Amigável
Simpatico
Caloroso
Aberto
Carinhoso
Compassivo

GRATO
Apreciativo
Tocado
Comovido
Agradecido

ALEGRE
Contente
Divertido
Deleitado
Satisfeito

ENVOLVIDO
Absorto
Alerta
Atento
Comprometido
Curioso
Encantado
Engajado
Estimulado
Entusiasmado
Fascinado
Interessado
Intrigado

ESPERANÇOSO
Com expectativas
Encorajado
Otimista
Confiante
Empoderado
Aberto
Orgulhoso
Seguro

ANIMADO/ INSPIRADO
Maravilhado
Ardente
Excitado
Atônito
Deslumbrado
Ansioso
Enérgico
Entusiasmado
Otimista
Vertiginoso
Revigorado
Apaixonado
Surpreso
Vibrante

FELIZ
Arrebatado
Encantado
Emocionado
Exuberante
Radiante

REVIGORADO
Descansado
Animado
Energizado
Forte
Rejuvenescido
Renovado
Restaurado

EM PAZ
Aliviado
Calmo
Confortável
Centrado
Equânime
Pleno
Quieto
Relaxado
Sereno
Tranquilo

COMO NÓS HUMANOS PODEMOS NOS SENTIR QUANDO AS NECESSIDADES NÃO SÃO ATENDIDAS

VULNERÁVEL
Abalado
Cauteloso
Delicado
Desamparado
Frágil
Impotente
Indefeso
Inseguro
Instável
Reservado
Sensivel

DESCONFORTÁVEL
Angustiado
Ansioso
Estressado
Irritável
Perturbado
Preocupado
Sem descanso

CANSADO
Abatido
Esgotado
Exausto
Letárgico
Apático
Sonolento

INQUIETO
Aflito
Agitado
Alarmado
Desconfortável
Desesperado
Entediado
Instável
Nervoso
Perturbado
Tenso
Surpreso

INCOMODADO / CHATEADO
Aborrecido
Consternado
Desapontado
Descontente
Frustrado
Impaciente
Irritado
Mal-humorado

ANSEIO
Com ciúmes
Com inveja
Com nojo
Com saudade
Nostalgico
Melancólico

AVERSÃO
Antipatia
Chocado
Desprezo
Com nojo
Desgosto
Horrorizado
Hostilidade
Repulsa

TRISTE
Abatido
Consternado
Decepcionado
Deprimido
Desanimado
Desapontado
Desiludido
Desencorajado
Infeliz
Miserável
Sem esperança

BRAVO / COM RAIVA
Enfurecido
Exasperado
Furioso
Indignado
Irado
Ressentido

RECEOSO / COM MEDO
Apreensivo
Apavorado
Assustado
Chocado
Desconfiado
Em pânico
Paralisado
Petrificado
Preocupado
Tímido

DESCONECTADO
Alienado
Apático
Desinteressado
Distante
Distraido
Entediado
Frio
Indiferente
Separado

CONSTRANGIDO
Embaraçado
Envergonhado
Culpado
Desgostoso
Mortificado
Remorso
Retraído

DOR
Agoniado
Angustiado
Arrasado
Arrependido
Enlutado
Devastado
Coração partido
Magoado
Miserável
Sozinho

CONFUSO
Ambivalente
Atordoado
Hesitante
Indeciso
Intrigado
Perdido
Perplexo

Agora, voltando ao conceito de libertação emocional, vou explicar sobre os pseudossentimentos. Nos ensinaram palavras que não trazem o que estamos sentindo de verdade, só terceirizam a culpa e desprezam a nossa autenticidade emocional. Eis abaixo uma lista com exemplos (não todos) de pseudossentimentos.

OS PSEUDO OU FALSOS SENTIMENTOS

Interpretações, avaliações e julgamentos que refletem mais o que a nossa mente está pensando do que o que estamos sentindo. Nesses casos, podemos nos perguntar: "O que estou sentido quando acho que isso está acontecendo comigo?".

Abandonado	Desacreditado	Fracassado	Invisibilizado	Ofendido
Abusado	Desprezado	Humilhado	Invisível	Prejudicado
Acusado	Desrespeitado	Ignorado	Isolado	Pressionado
Agredido	Desvalorizado	Incompreendido	Lesado	Provocado
Ameaçado	Diminuído	Indesejado	Ludibriado	Rejeitado
Assediado	Encurralado	Inferiorizado	Maltratado	Ridicularizado
Assoberbado	Enganado	Injustiçado	Manipulado	Subjugado
Atacado	Excluído	Interrompido	Menosprezado	Sufocado
Atropelado	Explorado	Intimidado	Molestado	Traído
Coagido	Forçado	Invalidado	Negligenciado	Usado
Criticado				

Vou dar um exemplo para ilustrar.

Em vez de dizer "estou me sentindo ignorada" (terceirizando a culpa: "você me ignorou"), tente se conectar com o sentimento por trás dessa fala:

- **Eu me sinto confusa porque gostaria de ter mais transparência em relação às intenções da pessoa?**
- **Estou frustrada porque combinamos de falar e a pessoa não me respondeu?**
- **Estou perdida porque gostaria da opinião da pessoa em uma decisão importante?**

- **Estou triste porque gostaria de compartilhar algo importante para mim, e tinha expectativas de que essa pessoa teria disponibilidade e espaço?**
- **Estou solitária por não ter recebido o afeto ou a atenção de que gostaria?**
- **Ou estou preocupada por não saber o que está acontecendo?**

Entendem como olhar para os nossos sentimentos nos ajuda a comunicar melhor o que precisamos? E para afinarmos isso, precisamos conhecer o conceito de pseudossentimento, que se refere a emoções ou a sentimentos que não são genuínos, mas uma máscara que esconde emoções mais profundas. Eles são, de certa forma, respostas automáticas ou superficiais que não representam o que realmente sentimos e podem interferir significativamente na nossa percepção e libertação emocional.

Isso acontece porque, ao não reconhecermos ou negarmos nossas verdadeiras emoções, podemos criar uma desconexão entre o que sentimos e o que expressamos. E isso pode levar a uma falta de autenticidade em nossos relacionamentos e em nossa própria compreensão de nós mesmos.

Quando usamos pseudossentimentos, acabamos reprimindo nossas emoções genuínas, que podem se acumular ao longo do tempo, causando estresse, ansiedade e conflitos internos. A verdadeira libertação emocional só pode ocorrer quando nos permitimos reconhecer, aceitar e expressar nossas emoções reais, mesmo que sejam desconfortáveis. Maturidade emocional não tem nada a ver com controle. É a nossa capacidade de reconhecer e lidar com nossos sentimentos de maneira saudável. Ou seja, atravessar um conflito sem criar vários outros.

E onde entra o dinheiro nessa história?

A vulnerabilidade é uma fortaleza. Dito isso, quero compartilhar com vocês uma pequena reflexão. Muitas pessoas falam abertamente sobre a vida sexual e outras intimidades ou, sem nenhum tipo de pudor, até de temas escatológicos. Agora, vamos raciocinar aqui: vai lá e pergunte qual é o valor da renda delas... ou pior, pergunte a elas como gastam seu dinheiro, perguntando assim, na lata, se elas se lembram – ou sabem – no final do mês com o quê ou onde o gastaram. Desconfortável, não?

Na minha opinião, esse desconforto se dá por alguns motivos: sentimos culpa, vergonha ou até medo quando o assunto é grana, minha gente. Mas o principal deles é o seguinte: a forma como lidamos com o nosso dinheiro escancara a nossa irracionalidade perante os outros e a sociedade. Evidencia muita fragilidade, enquanto tentamos parecer fortes e racionais em nossas máscaras e desculpas. É muita sensibilidade do lado de dentro para pouca humanidade do lado de fora. Medo de errar, medo de não dar conta, de ser frágil, de parecer vulnerável. Medo de ser quem já somos, mas fingimos não ser.

O dr. Gerald Jampolsky, psiquiatra infantil e de adultos, graduado pela Stanford Medical School, é uma autoridade de renome internacional nas áreas de psiquiatria, saúde, negócios e educação. Ele disse que só há duas formas de se comunicar (expressar, existir): com amor ou com medo. Eu entendo que sempre que vestimos alguma máscara, é o medo que está nos guiando. Mas se nos despimos dela, se queremos nos relacionar com amor, só cabe o que é genuíno e autêntico: isso nos conecta como humanos, para além do certo ou errado, melhor ou pior, bom ou ruim.

Um exemplo simples para iniciar uma prática de presença e autenticidade é quando te pedem dinheiro na rua: o que você responde? Preste atenção da próxima vez, se o que vai dizer for algo como: "Não tenho", "Não posso", "Vou ficar devendo". É mesmo verdade que você não pode, não tem ou vai ficar devendo? Provavelmente não. E não estou dizendo que você deva dar dinheiro, mas podemos começar a ensaiar a nossa verdade nesses pequenos momentos e dizer apenas "hoje não". Convido você a exercitar isso e perceber quantas vezes você se pega no modo automático e como isso transforma a nossa cultura de inventar desculpas. Comece a levar isso para as suas relações próximas e observe as mudanças que começarão a acontecer no seu entorno. Observe se você tem deixado suas emoções ou seus impulsos te guiarem ao se comunicar e ao consumir, sem olhar ou cuidar deles. Sem dar a si a mesma atenção que tanto esperamos que venha de fora, das outras pessoas.

Você pode não se sentir confortável ou em segurança para *falar* sobre o que realmente sente, mas é importante *saber* o que sente, para criar estratégias e dar novos rumos a isso. Enquanto você não souber exatamente o que está sentindo e do que está precisando (é precisando, e não desejando ou querendo), dificilmente alguém vai chegar "do nada", adivinhar tudo e te "salvar".

A forma como lidamos com o nosso dinheiro escancara a nossa irracionalidade.

Por que Educação Financeira é matéria de Ciências Humanas?

Já sabemos que ser bem-sucedido financeiramente não tem só a ver com o que nós sabemos. O que sabemos, e o quanto sabemos, com certeza aumentam muito nossas chances de conseguir fazer mais dinheiro. Mas é nosso comportamento que vai determinar nossa saúde financeira.

Na atualidade, principalmente com a ascensão da internet, existe muita gente explicando finanças com base em fórmulas e planilhas, quando a maioria das decisões são tomadas num único impulso, no automático, no bar ou em uma mesa de jantar. Para mim, não é possível falar de saúde financeira sem mencionar aspectos culturais, emocionais e sociais. Pouquíssimo tem a ver com Matemática, planilhas, taxa Selic ou composição dos juros. A busca por metas financeiras como o primeiro milhão, rendimento mensal alto ou uma aposentadoria confortável é algo que muitas pessoas aspiram. Mas a realidade é mais complexa do que simplesmente definir um objetivo monetário e acreditar que ele garantirá segurança financeira. Há várias nuances que precisam ser consideradas.

Embora as metas financeiras sejam valiosas, é crucial ser realista em relação a elas, principalmente em países como o Brasil, que tem altos níveis de desigualdade social e salarial, além da instabilidade do mercado e de empregos. A busca pelo sucesso financeiro não pode ser simplificada em números fixos ou estratégias "infalíveis". É necessário considerar a complexidade do ambiente econômico, do nosso meio externo e as condições internas. Em resumo, eu acredito que sucesso financeiro seja menos técnico e mais pessoal: seu ambiente e seu comportamento são mais importantes que seu conhecimento. Geralmente, nós inclusive sabemos o que precisa ser feito. Mas, ao tentar agir, o que acontece em nossa cabeça e em nosso coração fala muito mais alto.

Você pode ser superinteligente e, mesmo assim, ter comportamentos prejudiciais às finanças. O professor Gerald Zaltman, da Harvard Business School, trouxe um dado muito importante sobre comportamento humano e consumo. Ele afirmou em seu livro *How Customers Think: Essential Insights into the Mind of the Market* que 95% das decisões de compra são "decididas" pela mente subconsciente. Ou seja, são tomadas pelas emoções reprimidas, em um nível mais profundo, pois é na mente subconsciente que estão armazenados os nossos sentimentos, emoções, lembranças e traumas. Em outras palavras, é nessa parte da mente que habita o "nosso verdadeiro eu". Ou seja, esses 95% é mais você do que você mesmo conscientemente!

Em seu livro *A Psicologia Financeira*, Morgan Housel cita uma frase do filósofo Voltaire que diz assim: "A história não se repete nunca, o homem se repete sempre". E completa esse raciocínio de que "isso se aplica muito bem à forma como nos comportamos em relação ao dinheiro". E, realmente, eu concordo muito com ele, e na prática. Tenho bastante embasamento teórico, de tudo o que estudei e que se apoia no conteúdo, mas tenho plena noção de que foi o que eu vivi – muito mais do que o que estudei – que me trouxe a liberdade. Acredito muito que histórias causam maior impacto do que teorias e transformam muito mais do que conselhos. Dito isso, vamos lá fazer uma síntese: meu pai foi um jovem *playboy*, mas, no fim da vida, chegou a não ter dinheiro para comer. Não há leitura ou empatia suficientes que façam com que você sinta o medo e a incerteza do futuro que senti ao ter presenciado essa experiência. Não há como explicar o tamanho do desespero ao ver a situação a que ele chegou por falta de grana. Dói até hoje.

Como dizemos hoje em dia, vivo numa "bolha", mas essa é uma realidade comum no Brasil. Inclusive existe muita gente que um dia contou com privilégios e está endividada, ou sem um real investido para o futuro. Eu nunca me considerei burra, pelo contrário. Mas o que me moveu para a independência financeira não foi a inteligência, foi o medo. Porque enquanto meu pai pedia dinheiro para comprar comida, eu estava, apesar do bom salário, endividada no cartão de crédito e no cheque especial, gastando com coisas que eu esquecia logo depois de comprá-las. O medo me trouxe a humildade de cair na real e saber que, mesmo sendo "inteligente" e privilegiada, as más decisões financeiras poderiam acabar comigo também. Cheguei até aqui, enquanto escrevo este livro, cheia de cicatrizes emocionais para plantar sementes de consciência e presença. De amor próprio e leveza. De não violência e não submissão. Venho questionar o "normal" e o "padrão", em que tanto insisti e pelo que me violentei por alguns anos.

Não sei se você "manda bem" na Matemática ou se lida bem com planilhas, mas desejo que consiga olhar para as suas feridas com carinho, pois só assim será possível começar a cuidar delas. E do seu dinheiro. Qual é o seu maior medo em relação ao futuro e como uma boa saúde financeira poderia te apoiar? Por onde você conseguiria começar a cuidar disso, hoje?

Ter dinheiro é mérito ou sorte?

Para responder a essa questão aparentemente simples, podemos afirmar que:

Ter dinheiro é mais sorte do que mérito. Contudo, ter saúde financeira é, sim, um mérito.

O acesso ao dinheiro começa com a nossa história de vida: oportunidades, apoio e privilégios que recebemos já ao nascer ou ao longo da nossa existência, mas que independem dos nossos esforços. Exemplo: pertencer a uma família abastada, com bons recursos financeiros, concluir formação acadêmica de alto nível ou renomada, ter melhor remuneração do que as mulheres só por ser homem, conseguir um trabalho pela aparência física etc. Depois, essa renda pode se consolidar com nosso esforço e/ou responsabilidade.

Então, o quanto recebemos é a soma das oportunidades e dos privilégios que tivemos com o esforço que dedicamos.

Contudo, independência e liberdade só se conquistam se a consciência e o emocional trabalharem com todo o resto. Crescer com alguns privilégios é sorte, mas sem uma sólida educação socioemocional e financeira, sua jornada pode se tornar violenta e insustentável. Usar seus privilégios para desenvolver essas habilidades não é questão de sorte. É uma escolha de vida. Cuidar da sua saúde financeira é autocuidado.

Eu convido você a ter mais presença, consciência e maturidade do que disciplina, controle e organização. Os privilégios o fazem sair na frente e ajudam a ganhar mais dinheiro. Mas saúde financeira é o que acontece depois, e o leva à independência. E isso está menos relacionado à sua conta bancária e mais aos seus débitos emocionais.

Felicidade, estresse e dinheiro

> **"Se focarmos apenas na felicidade que o dinheiro pode trazer, acho que estamos perdendo alguma coisa. Também precisamos pensar em todas as preocupações das quais isso pode nos libertar."**
>
> — Jon M. Jachimowicz, Professor Assistente de Administração de Empresas na Unidade de Comportamento Organizacional da Harvard Business School

Após a frase acima, trago uma questão para darmos início a outra reflexão: nossos sentimentos impactam nas finanças ou são as finanças que impactam a forma como nos sentimos?

Essa frase de Jachimowicz é um ótimo exemplo sobre como condicionamos a nossa felicidade ao conforto e às benesses dos bens materiais. Mas isso são apenas condições externas. No fundo, temos medo de perder amor, respeito ou admiração, e é esse medo que nos mantêm agarrados à mediocridade. Todo mundo precisa de um nível específico de segurança externa para funcionar: comida, água, abrigo, roupas, saúde, segurança pessoal, relacionamentos positivos. Mas, se nos livrarmos daquilo que é supérfluo, podemos encontrar uma segurança infinita dentro de nós.

Na linha da pobreza, mais dinheiro significa garantir alimento, moradia, segurança, educação para os filhos, poder ir ao médico ou dentista etc. Assim, mais dinheiro é menos estresse, mais bem-estar e felicidade. Após certo nível econômico, mais dinheiro se torna irrelevante, pois não resolve as grandes questões da vida, que, geralmente, envolvem as relações. Então, tendo as necessidades básicas atendidas, o que importa é menos quanto você ganha, e mais como você gasta.

Por que algumas pessoas estão "cansadas de estarem cansadas"? Arrisco dizer que é por falta de perspectiva, por não terem dentro de si, de forma clara, até onde precisam ir. A fase de muito trabalho acaba quando? E a resposta é: nunca, se não houver a lucidez dos "porquês", que trazem maior simplicidade aos "comos". É o porquê que indica o destino e o como é que nos dá a direção, e é essa direção, não a velocidade, que nos faz chegar ao destino. Lembra da palavra mágica "coerência"? Ela cabe aqui: a segurança da direção importa muito na experiência da caminhada. Velocidade só nos faz cansar, principalmente quando chegamos rápido, mas num lugar que não nos nutre e precisamos correr para outro em seguida.

Dentro desse contexto, com todas essas camadas e subcamadas de reflexão, muitas vezes pensamos: "Que vontade de largar tudo!". Você quer largar tudo mesmo ou anseia por largar uma versão sua que não serve mais? Talvez o problema nem seja a família ou trabalho, mas como você se percebe nesses lugares. Acho que a palavra que definiria muito do que estamos buscando é "cura". Queremos curar ansiedade, feridas e traumas, relações familiares, de trabalho e com nosso eu interior. E, para mim, olhar para a relação com as finanças – essa jornada que eu chamo de "fazer as pazes com o dinheiro" – também faz parte de um processo de cura.

Se eu não preciso, e sei que não preciso, o querer perde força, e muitas vezes perde até o sentido. Quando essa frase grudar na sua cabeça, tudo muda. Tudo! Hoje entendo que não preciso de mais de um par de chinelos. Estou há sete anos usando o mesmo modelo, que combina com tudo e não me machuca. Sempre que eles ficam inutilizáveis, eu troco por outro par exatamente igual. Em sete anos, foram apenas duas compras. Eu passo em frente àquela loja linda e colorida, e não tenho a menor vontade de entrar, nem para dar uma olhadinha. Para isso, precisei entender o abismo que havia entre o que eu queria e o que eu precisava, que mencionei anteriormente. O destino e a direção. Sempre que desvio, sou incoerente comigo mesma e essa incoerência causa um incômodo maior e mais duradouro do que a alegria do chinelo novo. Porque no fundo a gente sabe tudo isso, mas subestimamos essa nossa inteligência. O preço disso? Cansaço e insatisfação, mesmo tendo cinco pares de chinelos no armário.

O preço da vulnerabilidade frágil

A forma como gastamos dinheiro diz muito sobre nós, e negar ou rejeitar nossas vulnerabilidades é o que nos deixa frágeis – e muitas vezes mais pobres, também. No *site* da Ecycle, empresa descrita em sua página como um "portal de conteúdo sobre sustentabilidade nas relações de consumo e no desenvolvimento da sociedade", há uma frase de que gostei muito, que traz sua definição de masculinidade frágil:

> **"A masculinidade frágil é a ansiedade que o homem sente ao acreditar que está se distanciando do que a sociedade denomina como padrões de masculinidade. Este sentimento pode motivar a pessoa a ter atitudes e ações compensatórias, que têm o intuito de restaurar as 'verdadeiras' ações masculinas."**

Assim, considero como "vulnerabilidade frágil" a ansiedade que sentimos ao acreditar que estamos nos distanciando do que a sociedade denomina como padrões de força e resiliência.

E por que isso pode custar caro? Porque é apenas quando admitimos que não estamos bem, ou estamos mais vulneráveis, que podemos fazer algo a respeito disso. Já falamos aqui sobre a importância de nomear sentimentos e necessidades. Mas antes, é preciso se vulnerabilizar. Na negação interna ou na tentativa externa de mostrar que "está tudo bem", tendemos a "tapar buracos" com coisas que o dinheiro compra, mas não resolve. Essa dinâmica pode custar muito caro ao longo da vida.

O dia em que você se atrasa, se sente mal ou inseguro, não é um bom dia para tomar uma decisão. Muito menos contrair uma dívida, pois é um momento de vulnerabilidade. Então, é preciso prestar muita atenção nos dias em que se está mais vulnerável; e para todos os estímulos que possam causar gatilhos, lembre-se: o desconto é maior quando não compramos nada. Talvez amanhã você nem queira mais aquilo que tanto quer agora. Por isso, fazer uma pausa para respirar com mais calma e ter uma boa noite de sono, às vezes, é o melhor que podemos fazer para nos acolher. Sapato novo nenhum vai cuidar tão bem de nós quando estivermos vulneráveis.

"O que a vida quer da gente é coragem", já dizia Guimarães Rosa em seu clássico *Grande Sertão: Veredas*. Nós não precisamos de um fiscal ou inimigo interno para nos "controlar", quando sabemos do que precisamos. E só saberemos ao assumir que algo está estranho nessa relação, conosco e com o dinheiro. Às vezes, a gente só quer fazer um pedido no aplicativo de *delivery* e "se afogar" numa comidinha mais gostosa. Mas talvez o que a gente precise mesmo é ligar para alguém e conversar. Essa é a diferença entre o "tapa-buraco" caro e a decisão mais estratégica (e que custa zero reais). Agilidade emocional não é controlar ou se livrar das emoções nem ser positivo o tempo todo. É um processo de autenticidade emocional, no qual as pessoas aprendem a reconhecer, aceitar e endereçar as emoções, para atravessá-las de forma madura. E atravessar um problema ou conflito sem criar vários outros. Inteligência emocional e financeira caminham juntas.

O que segue agora é muito importante: saúde financeira é muito menos sobre disciplina e controle do que pensamos. É a coragem de olhar para dentro e reconhecer, oferecer presença e entender quais estratégias cuidam realmente de você. Estar presente nem sempre é maravilhoso, mas é importante. Quanto mais nos observamos e entendemos a diferença entre o que queremos e o que precisamos, menos precisamos de controle e disciplina. As escolhas ficam mais coerentes, mais naturais e mais leves e, com isso, a sensação é de segurança e empoderamento. E você? Ainda está naquele estado de *looping* entre punição e recompensa? De gastar sem pensar e se culpar na ressaca financeira? Vamos trocar os momentos de "controle" e "descontrole" por presença, consciência e coragem? Pense nisso.

A internet e outros fatores externos nos bombardeiam todos os dias e geram estímulos que nos encorajam a tomar decisões imediatas, mesmo que sejam completamente irracionais e não façam o menor sentido. Então vamos falar dos gatilhos mentais. Você já ouviu falar neles? São estímulos que podem funcionar como um "despertador de emoções", nos direcionando para ações e decisões mais automáticas, com base em contexto social e emocional. E aí, o "falso racional" vem depois – falso porque, na maioria das vezes, só vem para validar ou justificar o impulso, e não como forma de aprendizado. Quero dar aqui alguns exemplos de gatilhos de consumo que nos bombardeiam o tempo todo:

- **Urgência:** "É agora ou nunca", "Esta promoção se encerra em 1h34min22seg"
- **Escassez:** "Restam apenas 2 unidades", "Poucas unidades pelo valor do primeiro lote"

- **Exclusividade:** "Edição limitada", "Faça parte do grupo VIP"
- **Afinidade:** "Somos modernos e práticos como você", "Nosso cartão tem a sua cara"

Na época em que estudei sobre gatilhos mentais pela primeira vez, sete deles haviam sido "catalogados". Na atualidade, já se fala em mais de cinquenta. E não é necessário ter conhecimento de todos eles. Basta ter presença e a consciência de que cada compra é uma decisão sua e ninguém mais é responsável por ela. Nem a internet, nem a vendedora que foi "superfofa", nem o cara que curte *lingerie* e por isso "te faz" ter sempre uma nova. Então, começo dizendo que sim, a indústria do consumo é manipuladora, mas, a esta altura, já posso também afirmar com segurança: ninguém é responsável pelas suas escolhas.

Os gatilhos são válidos quando acompanham honestidade, transparência e ética. A venda deve trazer uma real solução, e não usar da vulnerabilidade ou correria do dia a dia para tentar convencer a outra pessoa do que ela precisa ou quando precisa. E, como consumidores, é importante estar atento a quem nos "convence", sobretudo quando estamos mais vulneráveis, em estado de urgência. Nem tudo é para ontem. Quero te convidar a realizar um exercício: na próxima vez que quiser comprar em um determinado *site*, sugiro deixar tudo no carrinho. Vá fazer outras coisas e aguarde por cinco dias antes de voltar a ele. Verifique de novo cada item antes de fechar a compra. Se é que vai se lembrar de que tem esse carrinho de compras num *site* por aí. Arrisco dizer que provavelmente se esquecerá, mas faça o teste.

Você consegue se lembrar de tudo o que comeu na última semana? A não ser que esteja fazendo alguma dieta específica ou acompanhamento com nutricionista, dificilmente vai se lembrar. Isso porque paramos para comer (idealmente). Agora imagine gastar, que pode ser ainda mais fácil e rápido. Para muitas pessoas basta passar um cartão que, em muitos casos, nem de senha precisa mais, basta aproximar. Não precisa nem sequer pegar mais a carteira, é só aproximar o celular. Pronto. Fácil. A gente nem sente a dor do pagamento, não é verdade? Ah, como são maravilhosas as facilidades da tecnologia para nos deixar mais livres, certo? Errado, meu povo! Tudo isso é pensado e criado para retirar as barreiras de uma venda, nos manter no piloto automático, como pessoas hipnotizadas pela indústria do consumo. Dessa forma, é quase impossível lembrar de tudo o que gastamos nos últimos dias. E quanto menos nos lembramos, mais gastamos.

Será que eram gastos tão importantes assim? Um volume de 10, 20, 30, 40% da renda desaparecendo? Reflita comigo: se você não se lembra de como gastou, é porque aquele gasto não te nutriu, não fez diferença positiva na sua vida, não foi importante. Talvez mais importante seja a falta que esse dinheiro pode fazer na sequência. Importante é o nosso tempo, e ganhar dinheiro custa tempo. Tem sobrado tempo para você? Está sobrando tanto para gastar com coisas de que nem vai se lembrar quando chegar a fatura? Tempo é vida, e repito: ganhar dinheiro custa tempo. Então, por amor a si mesmo: não desperdice seu tempo, sua vida e seu dinheiro com coisas que nem vai se lembrar depois. De tempos em tempos, considere dar a si de presente uma pausa, um tempo para não agir no impulso. Permita-se não ter dias bons, sem ter que compensá-los com coisas que amanhã podem causar estresse financeiro e mais fragilidade. Esse é um tipo de cuidado que você merece, e não depende de mais ninguém. Reforço que esse conteúdo é para quem já tem as necessidades básicas atendidas. Conscientes de todos os seus privilégios (caso os tenha), será que pouco dinheiro é mesmo o problema? Será que mais dinheiro seria mesmo a solução?

Quando já temos o básico, nem sempre dinheiro é o que mais importa, mesmo quando parece muito óbvio que seja. Olhar para dentro pode ser tão simples quanto se perguntar antes de cada compra:

**"Quem sou eu?
Quem eu quero ser hoje?
Isso está alinhado com os meus valores e com o que é mais importante para mim?"**

Imagine que você está na rua ou no carro e leva uma buzinada sem motivo algum. Se estiver tendo um dia "bom", se sentindo bem, provavelmente vai aumentar o volume da música ou só seguir em frente, sem danos, podendo até devolver aquele susto com um sorriso, afinal, "a pessoa que me fechou não deve estar tendo um dia bom". Mas, se você está tendo um dia difícil, aquela buzinada pode lhe causar muita raiva e reações desproporcionais, mesmo que você não diga nada ou grite os maiores palavrões para a outra pessoa: para dentro ou para fora, aquilo reverbera de forma violenta. Perceba que a buzinada em si não importa tanto: o nosso estado interno conta muito. Cuidar dele é nos preparar para as mais diversas situações e, dessa forma, nos ajudar a atravessar os conflitos do dia a dia da melhor maneira possível, gerando aprendizado e autoconhecimento, não apenas reações de modo automático. As nossas emoções são alertas que precisam ser ouvidos, mas que não precisam guiar as nossas ações. E o único jeito de não se deixar dominar por elas, é justamente levá-las muito a sério.

Um exercício de auto-observação de que gosto muito é o de imaginar uma linha, mais ou menos na altura do nariz. Abaixo dela é "água" e acima é "ar". Quando eu durmo mal, estou em uma conversa difícil, com vontade de comprar algo ou experimentando qualquer incômodo, antes de querer me livrar disso, eu me observo: estou mal agora, será que "dei uma baixada" na presença e acabei "me afogando" abaixo dessa linha d'água? Essa é uma metáfora que se assemelha aos momentos em que não estamos presentes e caímos num modo mais reativo, mais de sobrevivência: mal conseguimos respirar ou enxergar direito debaixo dessa "linha d'água". Mais ou menos assim:

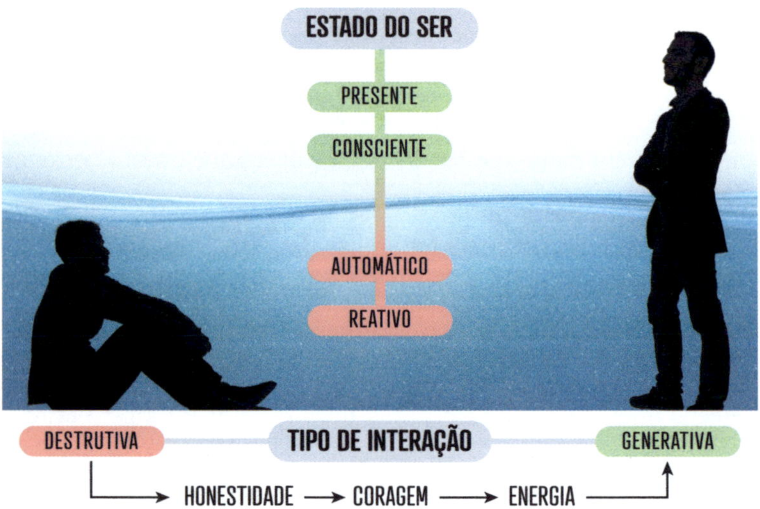

Então é preciso primeiro honestidade para admitir que meu estado interno pode me fazer reagir de formas menos inteligentes e mais destrutivas. Depois, é preciso ter coragem e energia para ativamente "levantar" e se colocar acima dessa linha d'água: olhos, boca e nariz para fora, respirando e observando com curiosidade esse meu estado interno. Assim, o antídoto para o impulso é a presença.

Vou contar agora outra história minha para ilustrar essa jornada de observação do estado interno, saúde financeira e autocuidado.

Há algum tempo, ganhei uma sessão de *peeling* facial numa clínica de estética descolada no Itaim Bibi, bairro de alto padrão em São Paulo. Desconfiei da "gentileza gratuita", porque nunca havia sido cliente dessa clínica. Então me preparei antes, pois sabia que depois desse "presente", iriam tentar me vender vários procedimentos. E tudo bem. Até porque todos nós sabemos que "não existe almoço grátis", certo? Então decidi entrar no jogo e aceitei a sessão de cortesia como um experimento.

Fui avaliada por uma biomédica. E eu, que entrei querendo fazer um *peeling* ou esfoliação para troca e renovação das células, saí "precisando" de botox, colágeno, preenchimento, protocolo capilar etc. Ou seja, quase precisando nascer de novo, meu povo!

De fato, tudo o que ela apontou estava lá, visível. Verdade seja dita, tinham manchas, rugas, poros irregulares e flacidez. Se eu estivesse num dia ruim, difícil ou de baixa autoestima, é claro que compraria no ato todos os procedimentos que me foram oferecidos, por um "preço convidativo", dividido em 10 vezes no cartão. E sem pensar duas vezes. Só de olhar meus "defeitos", já fiquei fragilizada, mesmo estando num dia "bom".

Então, como eu fiz para não cair nessa armadilha? Conversei comigo mesma antes, me ofereci muito acolhimento e cuidado, dizendo: "Rubia, você sabe o que vai acontecer lá, e que isso não tem nada a ver com você". Não feche nada na hora, mesmo que faça todo o sentido e o desconto seja irresistível. "Espere pelo resultado do *peeling* grátis primeiro e, se gostar e for o caso, volte depois." Dito e feito! Aconteceu exatamente da maneira que eu havia previsto, mas saí ilesa. Gastei **zero reais!** Mas testei o *peeling* grátis. E nunca mais voltei porque ele não funcionou (já tinha feito outros antes e sabia como era, ou deveria ser).

Inclusive, eu estava havia tempos querendo dar um trato nos cabelos, e lá ofereciam várias soluções. Mas estava em paz por esperar. Não porque eu sou mais evoluída, mas porque ofereci a mim mesma aquela "conversa interior", com acolhimento e empatia em primeiro lugar. Eu só mudo meu comportamento quando ele incomoda a mim, não aos outros. Daí eu pergunto: seus impulsos te incomodam o suficiente para que você se torne mais presente?

Conversem com suas vozes interiores, e não as diminua ou as reprima, elas estão aí para serem ouvidas. Mas também não as deixe maiores do que você. Ninguém manda em ninguém. O papo pode ser direto e acolhedor ao mesmo tempo. E quando nos abrimos para esse diálogo interno, amadurecemos. Vocês se lembram da história do bolo de pote? Hoje uso meu tempo livre (geralmente depois de comer) para fuçar opções de *delivery* com bom custo-benefício e deixá-las salvas. Isso porque aprendi que quando estou com fome, tendo a escolher a opção mais apetitosa, em maior quantidade e menos saudável. Sem contar que o tempo de entrega fala mais alto que o preço nessas horas. Por isso, agora eu me protejo antes, e agradeço depois a mim mesma, comendo melhor e gastando menos. Ao saber por que pensamos como pensamos sobre o dinheiro, e por que fazemos o que fazemos com ele, podemos começar um processo de cura e mudança em relação às nossas finanças. Contudo, muitas vezes temos recaídas, e já ouvi relatos bastante honestos em minhas palestras, como este:

"Rubia, eu até reúno muita honestidade para reconhecer quando 'me afogo' e busco coragem para operar minha vida 'acima da linha d'água', de modo mais presente. Mas tem horas que falta energia, e só quero curtir ali embaixo da linha mesmo, estar um tempo lá e xingar o mundo mesmo, ou apenas comprar alguma coisa qualquer e pronto".

Gente, isso pode ocorrer com qualquer pessoa . O nome disso é Humanidade, e acontece comigo também. A diferença é reconhecer que:

1. **Eu estou ali por opção e não porque "o mundo está contra mim": sou eu, por escolha própria.**
2. **Eu posso ficar ali, mas sabendo que qualquer reação a partir desse lugar não é estratégica e pode, inclusive, ser prejudicial.**
3. **Eu sei que para emergir à superfície eu preciso me esvaziar (nesses momentos caem bem uma boa noite de sono, uma boa refeição, descanso, atividade física, ou mesmo uma conversa com outra pessoa para desabafar).**

Outra coisa muito importante é que tudo isso que foi citado nos itens anteriores não se aplica de forma tão simples para muitas pessoas que passam quatro horas por dia em um transporte público lotado, em pé e em estado de alerta com medo da violência. E claro, isso sem contar ainda com quem não tem segurança alimentar, ou mal conta com um teto minimamente digno sob o qual dormir. Essas pessoas já começam o dia com um gasto energético muito maior do que o que seria saudável, e o percurso de esvaziamento se torna muito mais desafiador, apesar de mais necessário até com maior frequência. Isso me faz pensar que as empresas que se preocupam de verdade com o bem-estar do time deveriam considerar esses elementos na flexibilização de horário e local de trabalho como benefício real.

Nosso estado interno impacta o ambiente no qual interagimos e esse ambiente cria novos impactos no nosso estado interno. Isso ocorre o tempo todo. Por isso, reforço sempre que lutar pelo coletivo é também lutar pelo individual, e não basta cuidar só de si. Não é um movimento de fora para dentro, mas um fluxo multidirecional entre os sistemas intrapessoal, interpessoal e social.

Então, em condições dignas e com o básico garantido, como eu me esvazio? Temos que prestar atenção aos sinais que o nosso corpo envia: você está com fome, precisa se hidratar, descansar ou dormir? Está sentindo alguma dor física? Talvez aí já seja possível fazer algo e se cuidar, antes de tomar uma decisão, ter uma conversa ou comprar alguma coisa. Preste atenção à sua sensação de segurança para tomar uma decisão, fazer uma compra ou conduzir uma conversa importante nesse momento. Pense se você necessita de um tempo para respirar ou deixar a ideia se assentar com o intuito de perceber o que, de fato, precisa e o que lhe atenderia melhor agora.

Se, ainda assim, tudo isso não bastar ou se estiver muito difícil, busque um sistema de apoio. Conte a sua intenção, pois às vezes o que mais necessitamos é apenas desabafar; não com o objetivo de encontrar validação. É mais importante ter alguém que nos ajude a investigar incômodos do que alguém que reforce que temos razão ou merecemos mesmo satisfazer nossos desejos.

Em um trecho do livro *Plano B: Como Encarar a Adversidade, Desenvolver Resiliência e Encontrar a Felicidade*, de Sheryl Sandberg e Adam Grant, os autores dizem que:

> Em estudos tradicionais sobre estresse, voluntários realizaram tarefas que exigiam concentração, como resolver charadas enquanto eram obrigados a suportar sons desconfortavelmente altos em intervalos aleatórios. Eles começaram a transpirar e o batimento cardíaco e a pressão sanguínea se elevaram. Sentiram dificuldade para se concentrar e cometeram erros. Muitos ficaram tão incomodados que desistiram. Na busca de uma maneira de reduzir a ansiedade, os pesquisadores propiciaram uma escapatória: quando o ruído ficava desagradável demais, os voluntários podiam apertar um botão para fazê-lo parar. Como seria de esperar, o botão fazia que se sentissem mais tranquilos, cometessem menos erros e demonstrassem menos irritação. Até aí, nenhuma surpresa. A surpresa foi: nenhum dos participantes apertou o botão. Interromper o barulho não era o que fazia a diferença, e, sim, saber que podiam interromper. O botão lhes proporcionava uma sensação de controle e permitia que suportassem o estresse.

Esse relato de caso nos mostra que talvez a nossa coragem e energia possam aumentar muito ao saber que não estamos sós. Saber que temos uma rede de apoio, não para nos validar e fazer mais barulho, mas para nos ajudar a dar vazão a esses ruídos, colocá-los para fora – sem medo de julgamentos ou retaliação – e esvaziar: abrir espaço interno para coisas mais importantes do que compensações inúteis que só nos deixam mais sem ação, atados em dívidas e sem nenhuma satisfação verdadeira.

Maturidade: autorresponsabilidade + protagonismo

Acredito que apenas somos vítimas de uma situação até nos reconhecermos dentro dela. Manter-se ali, podendo sair, é uma escolha. Então, se você pode, escolha cuidar de si e sair da inércia, do modo automático e reativo. Sabemos que os algoritmos são manipulados e ao mesmo tempo manipuladores. E temos consciência de que a indústria do consumo nos influencia e manipula. Honestamente... **A GENTE SABE!** Está visto, e como dizemos hoje em linguagem popular: **NÃO DÁ PARA "DESVER"**. Quando nos calamos e nos entregamos a esse sistema, deixamos de ser vítimas e passamos a ser responsáveis por financiar e promover tudo isso, e pior, com o nosso dinheiro, tão suado para a maioria das pessoas. É importante lembrar sempre que nós somos parte do sistema do qual tanto reclamamos.

Se existe um investimento com retorno garantido é o autocuidado. E ele nada tem a ver com o consumo. Não poder ou querer fazer algo hoje não nos impede de usar outras estratégias para investir em nós mesmos. Cada pessoa tem seu jeito e sua condição financeira de se cuidar.

Você pode:

- **Ir à academia da moda, ou naquela mais simples do seu bairro ou do prédio.**
- **Fazer uma aula de *spinning* no *rooftop* de um prédio da moda, ir caminhar na rua ou trocar o elevador pelas escadas.**
- **Comprar um xampu caro, ou tomar um banho mais demorado de vez em quando.**
- **Passear no *shopping*, ou ir a um parque.**
- **Ir a um restaurante caro, ou pedir uma pizza em casa com seus amigos mais chegados.**

Você também pode fazer um alongamento em silêncio, curtir a tranquilidade de uma leitura, assistir a um filme, ter a simples companhia de amigos, avós, tios, irmãos, filhos... Pode ser uma festa cara ou apenas uma visita gostosa. Colocar um salto alto ou o tênis que faz você se sentir confortável. Não deixe que escolham o que funciona melhor para você. Respeitar nossas escolhas, nosso momento e nossa condicão financeira também é autocuidado. Dizer "não" também é uma forma de autocuidado. Não deixe de investir em si mesmo(a). E investir em si não significa investir na indústria do consumo.

**Tudo o que você prende, prende você de volta.
Tudo o que você toca, toca você de volta.
Tudo o que você possui, possui você de volta.
Tudo o que você consome, consome você de volta.**

$ $ $

**Isso alivia ou preocupa você?
Como você tem se relacionado com as coisas?
Não se traia nem se distraia.**

A autorresponsabilidade é libertadora. Quando entendemos isso, nos livramos de várias amarras. Ela é como a libertação emocional que já mencionei antes, mas tem menos a ver com o que sentimos e mais a ver com o que fazemos. Ela nos mostra como reduzir o vitimismo dos fatores externos e abraçar a responsabilidade pelo nosso autocuidado, apesar deles. Eu vivia brigando com o dinheiro: ou estava estressada porque gastei demais – e ultrapassei meus limites – ou estava estressada por ter de me privar de tantas coisas quando a ressaca financeira vinha. E a verdade é que quando a ressaca financeira chegava, eu nem lembrava mais com o que eu tinha gastado tanto dinheiro. E você? Também "briga" às vezes com o dinheiro? Vive na lógica do "compro porque mereço" e logo depois se culpa como se fosse uma pessoa horrível (e que nem merecia tanto assim)?

Se a sua relação com o dinheiro for tóxica, não importa o quanto você tem. O dinheiro pode fazer coisas maravilhosas por nós. Na falta ou em excesso. O dinheiro pode causar coisas terríveis em nossa vida, e novamente, seja por falta ou por excesso. É muito fácil perder-se de si, na riqueza ou na pobreza. Dinheiro não revela caráter, ele o potencializa. E não há nada de errado com o dinheiro em si. Pelo contrário: olhar para a relação com ele o faz olhar para dentro. A forma como usa o seu dinheiro pode levá-lo a construir uma versão melhor ou pior de si mesmo. Vamos explicar assim:

"Melhor" significa estar em conexão consigo e com o mundo. "Pior" significa se desconectar de si e do mundo.

Perceba interiormente como está a sua narrativa: você alimenta a ideia de que o dinheiro se perde e que no mundo de hoje a gente gasta mesmo? Ou fala em primeira pessoa e chama para si a responsabilidade? Por exemplo, experimente trocar falas como:

"Dinheiro na mão é vendaval"
ou
"A gente consome mesmo, normal"
ou, ainda
"Preciso de mais um aumento (e depois mais e mais)"
por
"EU ESCOLHO COMO GASTO O MEU DINHEIRO."

Transformar a narrativa em torno do dinheiro em uma perspectiva mais empoderada, como "eu escolho como gasto meu dinheiro", pode ter um impacto significativo na mentalidade financeira e no comportamento. Essa mudança de perspectiva está intrinsecamente ligada a conceitos-chave como maturidade, autorresponsabilidade e protagonismo, que são estratégicos para alcançar um fluxo – não só financeiro, mas de vida – mais saudável.

A verdadeira maturidade financeira habita no reconhecimento das escolhas e suas consequências, e também no protagonismo de sair do automático e fazer algo diferente. Ao adotar a perspectiva do "eu **escolho** o que faço com meu dinheiro", demonstramos uma consciência sobre a importância de decisões que estejam alinhadas com os nossos valores e que incluam objetivos financeiros de longo prazo. Resumindo, a maturidade engloba a capacidade de aprender com erros passados, ajustar comportamentos e desenvolver um entendimento mais profundo sobre como as decisões financeiras impactam a vida. É eliminar a culpa e a punição associadas ao passado e voltar a atenção ao aprendizado e à evolução contínua. E é por isso que:

O crescimento financeiro torna-se um processo de autodescoberta e aprimoramento, em que o indivíduo é capacitado a moldar seu futuro financeiro de maneira mais construtiva, sem o peso negativo de sentimentos culposos ou punitivos. Essa transformação cria um ambiente propício para um crescimento financeiro sustentável. Um movimento natural de aprendizado.

Eu não sei se você está passando por um momento de abundância ou escassez financeira. Mas não existe quantidade certa de dinheiro para começar a cuidar da sua relação com ele. A relação com as finanças pode "respingar" nas relações com as pessoas e na forma como atuamos no mundo. E vice-versa: quando nossas relações, em geral, estão tóxicas e desconectadas (consigo, com as pessoas e com o mundo), as finanças dificilmente escapam dessa mesma dinâmica.

O ciclo financeiro e o relacional se retroalimentam. Cuide de ambos.

Nem o gasto irresponsável, nem a completa privação são formas saudáveis de se relacionar com o dinheiro. Essa dança não tem uma fórmula, ela é a arte da conexão consigo e com o meio no qual se vive, sabendo do impacto que causamos e que sofremos para conseguir interagir melhor, dentro e fora de nós mesmos, sem ficar culpando o interno ou o externo. Passei de ultraconsumista para ultramuquirana. Ambas eram insustentáveis. O que mudou é que não me privo de muitas coisas, mas experimento e me testo com frequência. Por exemplo, quando roubaram minha mala, eu passei duas semanas com praticamente a mesma roupa, antes de comprar logo várias coisas. Depois reduzi meu armário a 20% do que era para ver no que dava, e já fiz isso três vezes, mesmo não tendo acumulado nada, só testando o mínimo viável (veja, é o mínimo viável e não o mínimo confortável). Depois fui viajar sem data de volta com uma mala de mão; sem saber se daria certo, e vi que dava (foram cinco meses no total). Mas eu realmente tento – mesmo, de verdade. E tentar é colocar honestidade, coragem e energia em tudo aquilo que fazemos. É um desconforto voluntário, que acaba ampliando a nossa zona de conforto e torna a vida muito mais leve. É deixar de lutar tanto pela zona de conforto e encontrar o conforto na "zona" – caótica – chamada "vida".

A ÁRVORE DA VIDA

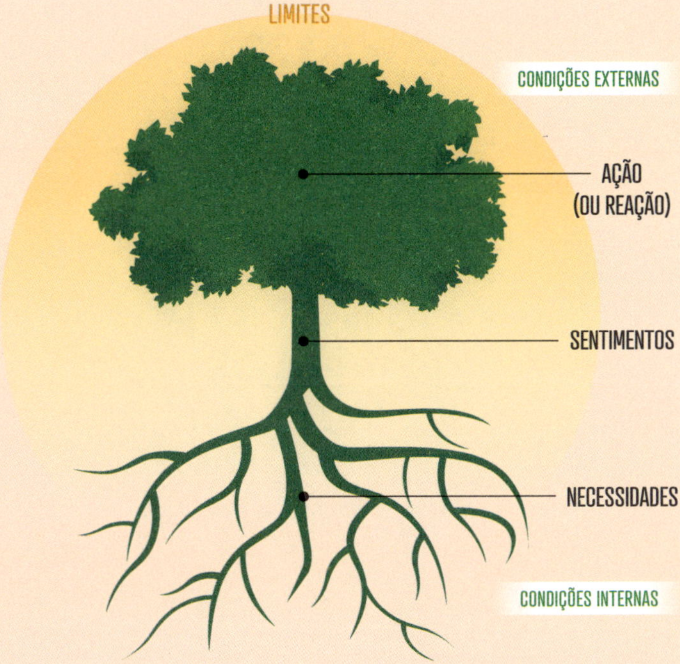

Se nós, humanos, fôssemos árvores, as raízes seriam as nossas necessidades, que vão sendo atendidas ou não ao longo da vida. Cada ramificação sendo uma necessidade, que depende das nossas ações e também das condições externas. No caso da árvore é a qualidade do solo, da umidade, da chuva, da incidência de sol etc. Já nos humanos, as condições externas seriam os privilégios, os acessos, a educação, a estrutura familiar etc. Tendo essas necessidades nutridas, isso ajuda ou prejudica o meu contexto e estado interno, que na árvore seria o caule e os canais que transportam as seivas, e nos humanos corresponderiam aos sentimentos, nem bons nem ruins, mas apenas que nos avisam se as necessidades estão — ou não — sendo atendidas. A copa é a resposta a tudo isso, a consequência. Na árvore, flores e frutos ou folhas secas que morrem; e no ser humano, o comportamento, que pode ser saudável, intencional e consciente (quando as necessidades estão atendidas), ou reativo, automático, violento, consumista (quando as necessidades não estão atendidas). Tudo isso determina meus limites pessoais, que podem estar mais expandidos num dia ou mais restritos em outro. Ou diferente em determinadas fases das nossas vidas, dependendo das condições externas, internas e do repertório e experiência de cada indivíduo.

Capítulo 5

O LADO DE FORA:
POR QUE TENDEMOS A OLHAR MAIS PARA FORA DO QUE PARA DENTRO?

Desde a infância, buscamos referências. Seguimos exemplos próximos para nos conectar, para pertencer. Quando nos tornamos adultos, essas influências vêm também de outros ambientes. Então, se nos perguntarem de quanto dinheiro precisamos, dificilmente olharemos para dentro e faremos contas. O que ocorre, normalmente, é observarmos alguém que temos como referência, e de quanto precisaríamos para ter aquele padrão de vida. Só que, na realidade, o que precisamos é separar o que é psicológico do que é financeiro. Tem coisas que queremos comprar e tem coisas que precisamos resolver. Pois, se já temos as necessidades básicas atendidas, são baixas as chances de mais dinheiro trazer mais felicidade, conforme já vimos.

Existem problemas financeiros que só podem ser resolvidos com mais dinheiro, e eles têm a ver com algum acontecimento muito específico: uma doença na família, um acidente ou outro evento completamente inesperado que impactou o fluxo financeiro, e para o qual não havia um planejamento. Contudo, a maioria dos problemas não se resolve com mais dinheiro, pois, na verdade, nem são financeiros em sua origem. Eles têm a ver com o que está acontecendo dentro de nós: na mente, no pensamento, no coração e na alma. E aí mais dinheiro não resolve, uma vez que a mente que pode nos aprisionar em vícios, bagagens psicológicas e comparações é a mesma mente que quer mais dinheiro para ser mais "livre", sem saber quanto é suficiente. Isso só nos aprisiona ainda mais.

Por todas essas razões, é preciso saber a origem das nossas preocupações, até mais do que a solução para elas. Assim, curamos o problema em suas raízes. Focando na solução, só abafamos os sintomas e continuamos tentando nos encaixar no padrão de disciplina e controle, que pode ser uma fórmula bem violenta e pouco eficaz. Nós nos "proibimos" de gastar, como forma de punição pelo descontrole, e daí, o que acontece no mês seguinte? Tudo igual. Ou até pior. Essa dinâmica não dá certo porque é violenta e, portanto, insustentável.

Mais uma vez, repito, se você já tem o básico atendido e suas preocupações financeiras te impedem de se sentir livre hoje, dificilmente mais dinheiro vai resolver isso de forma sustentável. É apenas uma questão de tempo até o ciclo se repetir. Quando sabemos o que é importante, agimos de acordo com a nossa verdade. O que guia as nossas decisões passa a ser o mais natural e coerente, e não o "certo" e "errado", o controle e a disciplina, a punição e a recompensa.

E já que estamos falando de liberdade, Shunmyo Masuno, autor do *best-seller Zen – A Arte de Viver com Simplicidade*, explica como focar no aqui e agora pode nos libertar. Segundo ele, ao parar de se comparar com os outros, 90% das nossas obsessões – e aqui acrescento pseudonecessidades – desaparecerão, e essa é a maneira zen de prevenir a ansiedade. O autor, ensaísta e estatístico Nassim Nicholas Taleb diz que "o verdadeiro sucesso é abandonar a disputa desenfreada e passar a modular nossas atividades visando a obter paz de espírito".

Não resta o que não basta. Como já mencionado, quando perguntamos quanto dinheiro é o suficiente, é comum que as pessoas respondam usando a vida de alguém como referência. Raramente olha-se para dentro, entendendo o que é mais importante para si. Mas sempre haverá alguém que tem mais. Sempre dá para fazer mais. É comum confundir inspiração e admiração com comparação, e no último caso, o suficiente nunca chega.

Mesmo sabendo que comparações podem não ser saudáveis, muitas vezes elas são uma defesa, em especial para quem está vivendo no automático. Quando olho para fora, a resposta vem "pronta". Mesmo que seja algo que não faça sentido para mim, aparentemente eu economizo energia ao não reinventar a roda. Além disso, seguir uma fórmula pronta desarma a carga da minha responsabilidade, caso ela não funcione. Afinal, "não foi ideia minha", eu "só acreditei e confiei". Até porque não é fácil olhar para dentro e protagonizar, de fato, minhas escolhas. Não é simples abraçar a autorresponsabilidade. Mas é esse o caminho que tem maiores chances de trazer sabedoria e empoderamento. Se nos desconectamos das emoções, podemos ficar presos no ciclo de tentar ganhar dinheiro sem entender por que realmente precisamos dele. E nessa dinâmica a gente perde muito. Não tem funcionado para nós humanos olharmos tanto para fora: quanto dinheiro você já gastou, ou ainda gasta, para se encaixar em padrões, determinados lugares ou relações? Ou pior, além do gasto financeiro, há o desgaste emocional de se espremer para caber. Não faz sentido, concorda?

Até porque, a gente se espreme para conseguir um "bom padrão de vida", mas pergunte a si mesmo: isso melhora sua vida até que ponto? Aliás, "padrão" é algo que faz cada vez menos sentido. Já pensou nisso? Nos treinaram e moldaram para acreditar que coisas caras e maiores são melhores e várias pesquisas mostram isso. Mas a mais impressionante que vi até hoje foi uma na qual ministraram um – suposto – analgésico, que, na verdade, não passava de vitamina C comum. Um técnico bem-vestido e usando um jaleco de médico ficava distribuindo folhetos com a propaganda de uma pílula que custava US$ 2,50 cada. Depois, submeteram os participantes a uma série de choques elétricos para ver quanta dor conseguiam aguentar. Quase todos os pacientes no estudo mostraram uma redução da dor. Depois, realizaram o mesmo experimento sem as "firulas" de folhetos e jalecos impecáveis, e usando uma etiqueta de preço de US$ 0,10 por pílula. O resultado foi bem diferente. O alívio da dor que os pacientes experimentaram foi de aproximadamente metade daquele com o uso da pílula de US$2,50.[5]

Outro estudo que utilizou esse tipo de metodologia ficou conhecido como o "Experimento do *Cabernet Sauvignon*". Em 2008, cientistas do Instituto de Tecnologia da Califórnia (Caltech) e da Universidade de Stanford conduziram um experimento comportamental, que foi realizado por Antonio Rangel, professor associado de Economia da Caltech, afiliado à Divisão de Humanidades e Ciências Sociais e por seus colegas, Hilke Plassmann, John O'Doherty e Baba Shiv. O estudo foi publicado em 15 de janeiro daquele ano no *Proceedings of the National Academy of Sciences* (PNAS), publicação oficial da Academia Nacional de Ciências dos Estados Unidos. Rangel e seus colegas fizeram que vinte voluntários provassem cinco amostras de vinho que, segundo eles, foram identificadas por seus diferentes preços de varejo: US$ 5, US$ 10, US$ 35, US$ 45 e US$ 90 por garrafa. Enquanto os indivíduos provavam e avaliavam os vinhos, seus cérebros eram escaneados usando ressonância magnética funcional, ou fMRI, com intuito de monitorar a atividade cerebral durante a degustação, e, assim, verificar a relação entre o preço de um vinho e a experiência sensorial do consumidor. Os participantes foram, então, submetidos a uma série de testes nos quais provaram "diferentes vinhos com preços variados", mas todos eram, na realidade, o mesmo vinho. Os resultados mostraram que, quando os participantes acreditavam que estavam bebendo um vinho mais caro, a atividade em certas áreas do cérebro associadas ao prazer e à recompensa era maior. O experimento demonstrou que o suposto preço mais caro afetava a experiência subjetiva do sabor, destacando a influência das expectativas e do valor percebido na apreciação do vinho.

Esse estudo trouxe à tona questões interessantes sobre como as informações contextuais, como o preço, podem, de fato, influenciar a experiência sensorial e o prazer do consumidor, mesmo em situações em que o produto em si é o mesmo. Ele ilustra como fatores psicológicos e sociais podem desempenhar um papel significativo na forma como percebemos e desfrutamos dos produtos, incluindo alimentos e bebidas, e como ações de marketing podem modular representações neurais de prazer experimentado pelas pessoas quando expostas a essas ações.

Nesse caso, então as pessoas não mentiram que gostaram mais do mais caro, elas realmente sentiram mais prazer. Isso porque aprendemos a acreditar que o que custa caro é melhor, e até o nosso cérebro reage de forma diferente a produtos idênticos, se forem precificados com valores diferentes. Agora imagine quanto poder ganhamos através da consciência, quando entendemos que podemos quebrar essas crenças e sentir grandes prazeres nas coisas mais simples?

Precisamos separar o que é psicológico do que é financeiro. Tem coisas que a gente quer comprar e tem coisas que precisamos resolver.

A importância da autenticidade

Vamos iniciar esta seção com duas perguntas:

Quem você seria se tivesse mais dinheiro?

Você tem exercido sua autenticidade e aceitado a das outras pessoas?

Eu acredito que o dinheiro, por si só, não causa mudanças na personalidade de alguém, mas atua como um amplificador das características e das tendências preexistentes de uma pessoa: alguém que já possui inclinações para o egoísmo, materialismo ou comportamento excessivamente competitivo pode intensificar essas características ao ter mais dinheiro ou poder. Em outras pessoas, a sensação de segurança financeira pode reduzir o estresse e a ansiedade, permitindo que se concentrem em seu crescimento pessoal e contribuição social. Basicamente, ter dinheiro apenas revela que, no momento em que percebemos que não precisamos mais agradar a ninguém, descobrimos quem somos de verdade.

Agora, pensando em fatores externos, a mudança na dinâmica social também pode influenciar a personalidade. Pessoas que atravessam mudanças no padrão de vida e passam a frequentar círculos sociais diferentes, podem ser influenciadas por novos padrões de comportamento e valores que são prevalentes nesses grupos. Isso sem contar a pressão social para ostentar riqueza e *status*, que podem levar a adotar uma personalidade mais exibicionista e materialista. Nossa sociedade, frequentemente, associa riqueza a sucesso e valor pessoal, e muita gente se encaixa nesse contexto, mesmo que isso signifique abandonar seus valores pessoais anteriores. Veja bem, a pessoa não muda por dentro, ela se esforça para se encaixar, para caber. E por isso não é saudável.

Enquanto eu escrevo isso, me sinto triste ao observar como nossa sociedade ainda está longe de entender que a felicidade existe na real conexão e presença consigo e com as pessoas, mas estamos agindo de modo a nos desconectar cada vez mais, na contramão do que nos nutre. Se eu não aceito sequer a minha verdade, minha autenticidade, nem vivo de acordo com os meus valores, como posso aceitar a autenticidade das outras pessoas e me relacionar com elas a partir de um lugar profundo e verdadeiro? Uma vez assisti a uma palestra de Lúcia Helena Galvão, professora de Filosofia da organização Nova Acrópole no Brasil, na qual ela dizia:

> As decisões fundamentais da minha vida eu tomo a partir do que eu tenho dentro ou do que eu vejo fora? Quando predomina o interno, eu me torno uma pessoa curiosa, inovadora e colaborativa. Quando predomina o externo, meu pensamento entra em conflito com quem eu sou, perde-se harmonia e fluidez. Me torno uma pessoa insatisfeita e intolerante.

Gostamos que nos julguem pelo que somos, não pelo que aparentamos. Certo? Mas daí eu pergunto a você: como temos julgado as pessoas? Temos dado a elas a chance que gostaríamos de ter, que é exercer a autenticidade na sua forma mais pura? É importante oferecer empatia se quisermos abrir espaço para a nossa autenticidade. Elas precisam estar em equilíbrio se quisermos sair dessa dinâmica de máscaras, de dominação, de submissão e poder, de certo e errado, bom e mau, recompensa e punição. É preciso que empatia e autenticidade coexistam, e não se anulem. Afinal:

Empatia sem autenticidade é passividade e submissão: é violência para dentro.

Autenticidade sem empatia é sincericídio e arrogância: é violência para fora.

Seu dinheiro permite que você viva a sua autenticidade? Ele aproxima ou afasta você dos seus valores? Serve como ferramenta de libertação, ou o aprisiona cada vez mais em padrões? Lembrando aqui que definimos o conceito de autenticidade e ele nada tem a ver com falar tudo o que penso, assim como liberdade não significa fazer tudo o que quero. Até porque miramos na autenticidade e, no final, acertamos mais no "efeito manada", nos tornando iguais à maioria das pessoas, exibindo padrões comportamentais coletivos, e deixando de ser o que realmente somos em essência. Deixamos de lado o que é o mais saudável e fluido, o mais natural, e acabamos reproduzindo o "normal" – o que nos é imposto culturalmente –, mesmo que não faça o menor sentido para as nossas vidas. Queremos respeito e reconhecimento como pessoas únicas, mas nos comportamos de modo a nos encaixar nos lugares e nas relações. Repetimos padrões o tempo todo de forma tão automática, que mesmo o que foi culturalmente normalizado se confunde com o que é natural do ser humano, intrínseco a nós. Essa dinâmica custa muito caro. Seguimos soluções prontas para vidas e pessoas que são únicas, fórmulas que não nos representam. E por conta disso estamos quebrados: física, emocional e financeiramente, gastando tudo o que temos (tempo, dinheiro, relações e energia) para alcançar o que alguém rotulou como sucesso. E assim nos perdemos. A boa notícia é que bancar a nossa autenticidade custa menos que sustentar as máscaras: menos energia, tempo e dinheiro.

Por isso eu sempre aconselho: desobedeça ao sistema, quebre os padrões, mude o seu entorno, escolha melhor! Porque é esse entorno que vai influenciar e mudar você também. Algumas pessoas são âncoras e, com o tempo, esses relacionamentos se tornam parte da nossa identidade, nos definem, e se tornam aquilo que somos. Eu adoro uma frase da série de TV *This is Us* que diz: "Escolher nossas pessoas é o mais próximo que chegamos de controlar o nosso destino".

Não dá para cuidar das finanças sem cuidar das relações: as dinâmicas de poder e de submissão e seu impacto na nossa relação com o dinheiro

Em muitos momentos da minha vida, eu olhava para o dinheiro como algo que eu possuía e que deveria me servir. Mas relações saudáveis não funcionam na base do "quem manda e quem obedece". Com as finanças também não deve ser assim. Esse tipo de dinâmica é violenta e só o prejudica. Não o ajuda a se conectar com o dinheiro de forma correta. E o que me trouxe até aqui foi justamente fazer as pazes com ele. Vou explicar.

Eu tomava decisões de gastos para me recompensar por outros estresses, mas depois a "punição" vinha em forma de endividamento, cheque especial e limite de cartão estourados. Quando eu tinha dinheiro, me "empoderava". Depois de gastar tudo, perdia todo poder de escolha, inclusive para as coisas mais simples. Coloquei "empoderava" entre aspas, porque hoje vejo como, na verdade, eu usava o dinheiro como fuga. Empoderamento passava longe dali, na verdade.

Talvez você não "gaste tudo" ou nem tenha dívidas. Mas sem uma relação saudável com o dinheiro, você pode se pegar aceitando qualquer trabalho ou chefe, "apenas" por dinheiro. No longo prazo, isso se torna uma vida toda de trabalho, para uma aposentadoria que nunca chega, ou se arrasta com escassez de recursos. Por isso, fazer as pazes com o dinheiro não é romantizar ou minimizar o quanto de preocupação ele traz, às vezes sentimos raiva mesmo. É olhar de forma consciente e madura para os nossos incômodos. Porque o dinheiro é uma ferramenta importante que demanda cuidado e, nessa dinâmica de submissão e poder, é muito fácil se perder, procurar culpados e terceirizar a própria responsabilidade. Sem certo e errado, sem punições e recompensas, mas com presença e consciência. É assim que deve ser. Com a responsabilidade de lidar de forma madura com as finanças, para, de fato, tornar sua vida melhor também na essência, não apenas na aparência.

Então, repito: fuja dessa dinâmica de "quem manda em quem" na sua relação com o dinheiro. Eu vivia nesse embate, nessa luta. Não que eu não gostasse de grana. Mas era confuso para mim: eu não entendia o lugar do dinheiro na minha vida e, portanto, ele não supria minhas reais necessidades, mesmo gastando muito, até de forma irresponsável.

Quais dessas frases você já ouviu?

"Dinheiro é um ótimo escravo e um péssimo patrão."
"Ou você controla seu dinheiro ou ele controla você."
"O dinheiro é a raiz de todo mal."
"Quando o dinheiro fala, a verdade se cala."
"O dinheiro pode abrir portas, mas também fechar corações."

Poder e submissão, certo e errado, bom e mau, vítima e vilão, recompensa e punição, mandar e obedecer, controlar ou se deixar controlar: tóxico tudo isso, não é mesmo? E sua relação com o dinheiro, como está? A CNV acredita que o motivo de vivermos rodeados de violência é continuarmos reproduzindo um sistema que nasceu e se desenvolveu com base em relações de submissão e poder, que buscam sempre o "certo" e o "errado", o vilão e a vítima, o bem e o mal, a recompensa e a punição. É como se, para a manutenção da minha existência, eu precisasse convencer, persuadir ou provar que a outra parte está errada. Caso contrário, a pessoa errada sou eu, e então devo ser punida. E é essa lógica que nos afasta do humano e dificulta tanto as nossas relações.

Hoje o dinheiro representa poder, e distribuir poder é distribuir também a renda, as tarefas e as despesas. É muito contraditório querer se empoderar e, ao mesmo tempo, se submeter à ideia de que alguém "tem que" receber e pagar mais, ou contribuir menos com as tarefas de casa. Muita coisa foi imposta pela sociedade, mas não faz sentido se queremos quebrar padrões. Nunca é demais repetir: ninguém "tem que" nada.

Distribuir poder também é distribuir espaço de fala. Será que você consegue trazer a honestidade a ponto de dizer a alguém "não tenho grana para sair", e contar mais sobre isso? Ou apenas silencia e inventa uma desculpa para não ir? Terceiriza para outra pessoa a obrigação de pagar? Fica à vontade para sugerir outro lugar ou passeio?

E como podemos distribuir esse poder na prática? Conversando e criando acordos que funcionem para todas as pessoas naquela relação. Honestidade desde o início, desde o primeiro encontro. Quanto tempo você demora para trazer transparência para a relação? Muito se fala de "papéis" e pouco de afeto, conexão e diálogo. Ninguém tem culpa dos padrões violentos que já existem. Mas temos a responsabilidade de questioná-los e tentar não passar isso para as próximas gerações. Um exemplo:

Encontros românticos entre homem e mulher, quem paga a conta?

Escolha e opção não transformam um gesto em obrigação. A violência que existe nos papéis e padrões custa caro para todo mundo. Reduzir o nosso papel na sociedade ao gênero só encarece tudo. Repito: ninguém "tem que" nada. Vou partir desse princípio para escrever sobre quem paga a conta em um encontro romântico entre homem e mulher, porque isso ainda gera polêmica. Como aconteceu em pleno ano de 2022, quando um ator disse em entrevista que não gosta de se sentir na obrigação de pagar sozinho um jantar a dois; choveram comentários e críticas nas redes sociais. Daí, vemos os padrões de comportamento automático se justificarem através de comentários como: "Mas a mulher gasta para se arrumar". E a pergunta que fica é: quando você, mulher, se arruma para sair com uma amiga, ela paga a conta? Mulheres que se arrumam "para o homem" reforçam um papel passivo da mulher, do patriarcado.

Homem não *tem que* pagar a conta. Mulher não *tem que* se arrumar para ele.

"Mas e o cavalheirismo?" Eu não gosto dessa palavra e prefiro gentileza, pelo simples fato de que ela é sempre bem-vinda, não importa o gênero. Sem reproduzir obrigações que só fortalecem o machismo. Se alguém tem condições financeiras melhores, seja homem ou mulher, e quiser pagar, tudo bem. Por gentileza, não obrigação, nem esperando nada em troca.

"Mas eu preciso me valorizar." O cara não vai te valorizar mais por pagar a conta. Ele pode, inclusive, fazer isso te empoderando e incentivando a não depender dele. Pagar conta por si só não é demonstração de cuidado e carinho. Assumir que dinheiro é afeto é justamente o oposto de se valorizar. Então, sim, valorize-se, mas não confunda isso com uma conta paga. Até porque, sabemos que **NÃO EXISTE ALMOÇO GRÁTIS**. Nem jantar. Nem um encontro casual. O cara que se vê na obrigação de pagar, muito provavelmente está reproduzindo padrões e isso pode custar caro para a mulher em várias situações, por exemplo: mulher também "tem que" isso, "tem que" aquilo. E eu não "tenho que" nada, só por ser mulher, porque mulheres que reproduzem comportamentos e falas machistas só reforçam que o cara deve ganhar mais, trabalhar mais. E se perdem nas jornadas triplas, por delegar o papel de provedoras e assumir o de cuidadoras.

"Mas e os instintos? Não podemos negar a diferença de gênero." É preciso tomar muito cuidado para não confundir o instinto e o natural com o que foi normalizado e instituído culturalmente. O normal foi determinado pela sociedade que cresceu com base em relações de submissão e poder. Isso tem zero naturalidade e é muito violento para quem não aceita se enquadrar. Culturas e padrões impostos não têm nada a ver com o natural e instintivo do ser humano.

O que precisamos é de menos regras e mais diálogo. Mais acordos que funcionem para cada pessoa, em cada relação.

Preço e valor são coisas bem diferentes. É triste ver que relacionam uma conta de jantar com o quanto o homem valoriza uma mulher. Esse papo até parece ser só sobre dinheiro, mas não é, apesar de ser uma discussão pertinente aqui e de extrema importância. Espero, do fundo do meu coração, que homens e mulheres possam estar à vontade em ganhar menos que seus parceiros ou parceiras e que entendam o que realmente importa para si numa relação afetiva. Quando usamos o dinheiro para conseguir amor, baseamos todo o nosso valor no quanto temos. Que a gente possa ter mais olho no olho e menos olho na roupa. É gostoso se arrumar, ou perceber que se arrumaram para estar conosco. Mas é na troca de olhar dos dias comuns que a mágica acontece. E custa **ZERO REAIS**!

Mesmo sabendo de tudo isso, o ser humano tende a complicar as coisas. Muitas pessoas gostariam de ficar ricas, e até têm isso como meta em suas vidas. Contudo, felicidade definitivamente não se compra com dinheiro se não houver equilíbrio. É o que aponta o livro *Uma Boa Vida: Como Viver com Mais Significado e Realização*, que teve como base o "Estudo de Harvard sobre o Desenvolvimento Adulto", o mais longo já realizado sobre a felicidade, que começou em 1938 com cerca de setecentos adolescentes, sendo que muitos deles eram estudantes de Harvard, enquanto outros viviam em bairros mais pobres de Boston. A conclusão do estudo foi: "Boas relações nos mantêm felizes e saudáveis". Ponto.

Escrito pelo dr. Marc Schulz, diretor associado do Estudo de Harvard e diretor do Programa de Ciência de Dados da Bryn Mawr College, e pelo dr. Robert Waldinger, professor de Psiquiatria na Escola de Medicina de Harvard, o livro

– amparado por décadas de pesquisas – conclui que a qualidade das conexões que criamos com outras pessoas influencia diretamente em nossa saúde física e mental ao longo dos anos, nos ajudando a criar vínculos que duram décadas. Aponta ainda que todos os tipos de relacionamento, como família, amizades, parcerias românticas, e até colegas de trabalho, contribuem para criarmos uma percepção de maior inspiração e satisfação com a vida. É claro que não podemos ser reducionistas, e existem outros fatores, mas a qualidade das relações com as pessoas mais próximas pesa muito nessa balança da vida, ou a deixa mais leve.

Portanto, dinheiro não é o fim, mas o meio. Pode não ser a coisa mais importante, mas afeta coisas que importam muito. Dinheiro é uma ferramenta, um meio com o qual nos relacionamos, e vou repetir adicionando uma conclusão: riqueza material para além das necessidades básicas não garante mais felicidade, porque não resolve as questões mais complexas, por exemplo, a qualidade das nossas relações. Mais dinheiro não significa melhores relações. E várias das nossas necessidades universais nos mostram que as relações importam muito: amor, pertencimento, reconhecimento, conexão, confiança, afeto. Tem gente milionária que daria tudo para ter a segurança psicológica e o acolhimento que outras pessoas têm em casa. Há milionários que dariam tudo para ter as relações afetuosas que outras pessoas têm. Dinheiro pode comprar uma casa, mas não compra um lar. Pode comprar uma cama cara, mas não compra uma boa noite de sono. Pode comprar um relógio importado, mas não compra o tempo. Se você está pensando "mas e eu, que não tenho dinheiro nem relações saudáveis?". Comece pelas relações, porque se você tem o que comer e onde dormir, deve estar gastando o resto sem necessidade para se cercar de pessoas igualmente desnecessárias na sua vida. E daí eu pergunto: como andam suas relações, de maneira geral?

É comum sentirmos culpa ou vergonha quando o assunto é dinheiro, então simplesmente evitamos falar dele, e até lidar com ele mais de perto. Temos inseguranças e precisamos de muita empatia e compreensão no processo de aprofundamento, para que seja leve. Você já evitou ter uma conversa com alguém envolvendo dinheiro só para fugir de um sermão? Ou já enganou a si mesmo com algumas das desculpas que já conhecemos?

Às vezes, um lugar seguro para compartilhar é o primeiro passo para a coragem que precisamos. Trabalhando com esse tema, escutei muitas vezes, em minhas sessões de mentoria, clientes dizendo "Eu sentia vergonha na escola quando me comparava aos colegas mais ricos". Muitas pessoas ostentam, até sem poder, em busca de pertencimento, aceitação, validação ou qualquer que seja a necessidade por trás desse sentimento. Desde crianças nos comparamos e nos avaliamos de acordo com o ambiente à nossa volta. E quanto mais frágeis as nossas relações, mais desafiadora e infinita se torna a busca por mais. Porque sempre haverá alguém que terá mais, e essa competição é desumana.

A primeira coisa de que precisamos para interromper esse ciclo não é algo que podemos comprar. São as relações que escolhemos. Sua liberdade tem a ver também com o poder de escolha, e isso só depende de você, independentemente da sua história.

Então vale refletir:

- O quanto você tem conseguido se expressar com a sua verdade nos espaços e nas relações que possui?
- Seu amor-próprio aumenta quando está com pessoas que ostentam?
- Nas suas relações, você se sente 100% confortável para falar sobre tudo? Sente que tem intimidade emocional com as pessoas?
- Sendo "mais pobre", pode contar sobre suas preocupações sem parecer que está pedindo algo?
- Sente vergonha em negar convites por falta de grana?
- Sente medo de ser julgado?
- Sendo "mais rico", sente-se confortável em falar sobre suas conquistas sem sentir culpa ou sensação de arrogância?
- Evita certos temas (por exemplo, viagens) com medo de magoar as outras pessoas?
- Tem ressentimentos ou desconfianças relacionadas à inveja?

É impossível cuidar daquilo que ignoramos. Talvez você se perceba não tendo segurança emocional nas relações. Mas o quanto você tem aberto esse espaço? Quando trazemos humanidade para as conversas, abrimos espaço para que as pessoas compartilhem mais sobre elas também. Não fomos ensinados a falar abertamente de dinheiro, mas fazer isso é exercer a nossa humanidade, e é muito estratégico para o bolso.

Dinheiro é importante e é importante falar sobre ele.

Creio que, neste ponto do livro, você deve se lembrar que estudei numa instituição de alto custo. Estava cercada de pessoas que eram herdeiras e queria pertencer àquele ambiente. Portanto, eu achava que gastava "por causa dos outros". Que "precisava" me arrumar porque era um grupo só de "gente rica"... mesmo que eu não fosse. E quanto mais eu tentava, mais percebia que não conseguia acompanhar.

Agora a pergunta de 1 milhão de dólares: o que me fazia querer estar com essas pessoas ou achar que eu tinha que me parecer com elas?

A resposta é: a minha baixa autoestima na época. Sem contar que comecei a trabalhar aos 15 anos, e aos 20 eu já era uma pessoa cansada, já estava entregue ao sistema, não questionava nada, só fazia o que mandavam. Trabalhava e gastava tudo, e no mês seguinte fazia a mesma coisa. Eu queria agir – ou parecer agir – como aquelas pessoas (que pareciam felizes).

Mas depois percebi que as coisas mais invejadas do mundo não são beleza, poder e sucesso. São relações verdadeiras, fortes e felizes – apesar dos momentos difíceis –, de pessoas que querem, podem e escolhem estar juntas.

Autenticidade é navegar nos vários ambientes sendo você mesmo, do jeito que você se sente confortável. Os ambientes de trabalho já estavam flexibilizando o tal do *dress code* ou código de vestimenta, aceitando um pouco mais o estilo de se vestir de cada pessoa, e eu lá me espremendo para me encaixar na turma do bar da faculdade. Lendo assim parece absurdo. E era, mas eu também consigo olhar para trás e compreender toda a minha insegurança. Sem me culpar e ou culpar as pessoas, mas aprendendo a observar melhor.

Quer ver outra situação cotidiana na qual a gente faz coisas para se encaixar ou parecer legal, até com estranhos?

**"Ahhh, mas a vendedora era tão gentil...
Não consegui provar e não levar nada!
Tive que comprar."**

Certo, mas, antes de tudo, o que você estava fazendo numa loja? E por que estava provando roupas se não estava procurando nada específico? E se estava procurando algo, mas não encontrou, por que não agradeceu e saiu?

A resposta para todas essas perguntas seria: temos dificuldade em dizer "não", pois buscamos agradar outras pessoas em troca de reconhecimento, atenção, admiração e valorização. Muitos aspectos da nossa vida e história podem nos aproximar mais desse tipo de comportamento. Mas é justamente isso que atrai para as nossas vidas pessoas que se aproximam e – mesmo sem intenção, ou de forma muito sutil – tiram vantagens da nossa fragilidade disfarçada de generosidade. E pessoas assim ao nosso redor só reforçam que não merecemos amor, ou não fazemos o suficiente, que precisamos dizer mais "sim" e agradar mais. E o padrão vai se repetindo. Aprenda a dizer "não", como nesta famosa frase da escritora e mentora intuitiva britânica Melanie Mackie:

"Decida que tipo de vida você realmente quer, e então diga não a tudo que não seja isso."

O presente que você está construindo deve, sem exceções, ser coerente com o futuro que você quer. Uma das formas de dar início a esse processo é exercer o poder (e economia) do "não". O "não" a algo ou alguém é um "sim" para você. Ele nem sequer exige justificativas ou satisfações. Pode ser tão simples quanto um "eu não quero", ou o início de um acordo, um estímulo a diferentes estratégias ou formas de fazer algo. Eu sempre vejo o "não" como um "assim não". A pergunta que segue é "se não assim, então como?". Seguem alguns exemplos, de que podemos até dizer "não" sem efetivamente dizê-lo, já abrindo espaço para identificação de possibilidades e cocriação de outras estratégias:

- **Vamos jantar fora?**
    - Prefiro cozinhar em casa! Você traz o vinho?
- **Vamos fazer amigo-secreto?**
    - Topo o nosso encontro de fim de ano, mas do amigo-secreto eu passo.
- **Preciso ir ao *shopping* comprar umas coisas. Vamos comigo?**
    - Vou passar o *shopping*, mas quero te ver! Topa tomar um café ou irmos ao parque depois?

- **Vamos dividir a conta do restaurante igual para todo mundo?**
  - Prefiro calcular a minha parte.
- **Vamos aproveitar a promoção?**
  - Não, obrigada.
- **Não??? Por quê???**
  - Porque eu não quero, obrigada.

Chega de pedir desculpas e de gastar energia explicando o "não", como se fosse errado dizê-lo. Porque não é não, e ponto. Escolha relações em que seu "não" pode ser dito de maneira natural, segura e confortável. Assim aprendemos a receber o "não" das pessoas da mesma forma, sem levar nada para o lado pessoal. Eu confio mais em quem se sente confortável para me dizer "não" e recebe em paz os meus "nãos" também.

Agora, quero tocar em um tema polêmico aqui, retomando a distinção entre necessidade e estratégia: como dizer "não" para uma pessoa querida que pede dinheiro emprestado?

Emprestar dinheiro ou cartão de crédito pode não ser a melhor saída, sobretudo se for uma questão recorrente e não um problema pontual. Alguém que não tem condições de pagar as dívidas atuais, pode não ter condições de te pagar. Mas isso não quer dizer que você não pode ajudar. Problemas financeiros desestabilizam a pessoa emocionalmente; por isso, só de ter uma pessoa disposta a ouvir os desabafos, já é uma boa ajuda.

Aproveite para entender os problemas que levaram a essas dívidas e tente entender a real necessidade por trás do pedido, sugerindo outra estratégia. Por exemplo, se o motivo do endividamento do seu amigo teve início com a perda do emprego, você pode ajudá-lo com a recolocação no mercado de trabalho, elaborando um currículo eficiente, indicando-o para vagas de que tenha conhecimento, dando um curso de presente, ou inserindo-o no seu *networking*. Se for um caso de doença na família, é possível dar apoio fazendo uma vaquinha, pesquisando opções de medicação oferecidas pelo SUS, ou buscando opções de empréstimos bancários com as menores taxas e juros. Contudo, se for algo recorrente, é preciso entender os hábitos de consumo e talvez indicar uma ajuda profissional para que a pessoa possa conseguir sair desse círculo vicioso.

Entendendo onde está o problema, fica mais fácil resolvê-lo. Você pode também trazer outras opções de lazer para estarem juntos, sem necessariamente gastar tanto (trocar restaurantes por caminhadas e parques, ou viagens por fins de semanas juntos em casa para cozinhar e fazer sessão de filme com pipoca, ou pedir pizza em casa em vez de comer fora).

Ainda assim, caso você acredite que a melhor solução seja emprestar o dinheiro, é o momento de analisar a sua situação financeira. Tenha certeza de que esse valor não lhe fará falta, nem comprometerá seu próprio orçamento ou reserva de emergência. Observe também se – de novo – a situação não é recorrente, para que a pessoa não se torne dependente de você. E saiba que, caso decida emprestar, existem riscos. Saber dizer um "não" oferecendo acolhimento, entre outras estratégias, pode ser melhor para a relação do que um desgaste futuro por causa de expectativas frustradas e a não devolução do valor. Se você sentir vontade e segurança, doe. Mas não faça nada sem antes oferecer muita escuta ativa para a pessoa. Lembre-se de que falta de grana tende a desestabilizar o emocional. Ser um sistema de apoio, mesmo que não financeiro, já é muito. Pois é algo desafiador, mas não precisa ser solitário.

É importante falar de dinheiro com menos desconforto e mais humanidade, mas só conseguiremos trazer isso em lugares que nos ofereçam segurança e acolhimento. Então, se você se considera em lugar de privilégio, comece a trazer essa honestidade e abra esse espaço seguro para as pessoas que fazem parte da sua vida. Nas suas relações, abra mais espaço para a conexão e reduza a comparação. Você não está competindo, e se alguém quiser competir, saiba que isso nada tem a ver com você; então não se distraia, e lembre-se sempre:

Mais importante que a roupa que você vai vestir é quem você está indo encontrar.

$ $ $

Mais importante que a escolha do restaurante é escolher quem vai estar com você à mesa.

$ $ $

Mais importante que o vinho que você vai beber é o papo que vai acontecer até a garrafa acabar.

$ $ $

Mais importante que o destino da viagem é o que você vai trazer de memórias na mala.

$ $ $

Mais importante que parecer bem é estar bem.

$ $ $

Mais importante que o que você tem no armário é quem você tem nos seus dias.

$ $ $

Quando eu me conecto, eu me inspiro a viver minha melhor versão. Quando eu me comparo, tendo a me frustrar. Então não fuja de si.

No mundo de hoje, com todos os problemas que enfrentamos, feliz é a pessoa que tem as necessidades básicas atendidas e pode também cuidar do que importa de verdade. Quantas vezes me percebi triste estando num restaurante, hotel ou viagem "invejáveis". Da mesma forma que tive crises de riso durante dificuldades enormes, e que hoje são as histórias mais cômicas e memoráveis. Nunca foi por "coisas que faltavam". Sempre foi algum tipo de silenciamento, alguma saudade, algum desentendimento. Assim como nunca foi pelo cenário ou comida "instagramável", aquelas que fazem sucesso com fotos deslumbrantes nas redes sociais. Sempre foram as conexões, as histórias, as risadas. No fim das contas, sempre são as relações que nos fazem sentir o gosto da vida. O cenário é só o tempero.

As relações são o ingrediente básico da vida e precisamos de bons ingredientes, como para fazer um bolo. O cenário e o *glamour* podem até ser a decoração desse "bolo", que dá um toque a mais, porque trazem beleza – e isso importa, claro! Mas de que adianta um bolo lindo que ninguém consegue comer, porque faltaram ingredientes, eram de má qualidade ou estavam vencidos? (Percebe como isso não tem a ver só com bolos?)

No mundo em que vivemos, há coisas que têm preço, mas são as que têm valor que trazem um apreço. Se estivermos em estado de "presença e conexão interna", coisas muito simples podem enriquecer nossa vida e ter valor inestimável no nosso bem-estar. Gente feliz de verdade não precisa de muito, como vimos até aqui.

A felicidade e a saúde financeira crescem juntas, e são diretamente proporcionais, porque pessoas felizes não ficam se comparando, honram o que já têm e compram menos, pois sabem o que precisam. Possuem relacionamentos autênticos, com pessoas que gostam e não precisam impressionar. Dispõem de tempo porque não precisam trabalhar tanto para ter mais dinheiro. A felicidade vem das experiências, o que implica estar com outras pessoas ou fazendo coisas que melhoram sua vida.

**A roupa que a gente veste tem um preço.
O senso de pertencimento, não.
Esteja com quem te ama, não importa
o que você vista.**

$ $ $

Ir a um restaurante tem um preço. Momentos de troca e conexão, não. Escolha bem quem divide as refeições com você, e aprecie até o mais simples dos locais onde você come, como um prato simples no balcão de um boteco, porque companhia, troca e conversa dinheiro nenhum compra.

$ $ $

Uma casa tem um preço. Um lar cheio de vida, não. Parceria, amor e comunhão dinheiro nenhum compra. Compartilhe e receba em casa quem te ama e não repara na bagunça.

$ $ $

Um presente, embrulhado com laços, tem preço. Estar presente, não. Alegria, conexão e afeto dinheiro nenhum compra.

$ $ $

A roupa que a gente veste tem um preço. Estar com alguém que nos enxergue além da aparência, não. O riso, a conversa, o calor do abraço dinheiro nenhum compra.

$ $ $

Sair com amigos tem um preço. Nutrir-se de afeto, não. Escolha com quem gastar seu dinheiro, e prefira pessoas que queiram mesmo estar com você, não importando o que forem fazer juntos.

Nossa mente e nossas emoções nos pedem coisas que têm preço. O coração, lá no fundo, não. Abra sua mente e faça mais escolhas do fundo do seu coração. Tem coisas que não têm preço, o dinheiro facilita todo o resto. Mas depois do básico atendido, esse "resto" tende a custar caro e não nos nutrir de verdade. Escolha bem, a começar pelas pessoas. Que possamos lembrar que, além do preço a pagar, há valores profundos que devemos cultivar. No amor, na amizade, na compaixão e na gratidão encontramos riquezas que não se medem em cifrão.

**O material tem preço e finitude.
O virtuoso tem valor e é eterno.
Que em meio às coisas que têm preço
e as que têm valor, saibamos cultivar
as que tornam a vida mais bela e
maior em significado.**

Quem dera o dinheiro pudesse trazer de volta as pessoas e os momentos, que são a melhor parte da vida. Que dão sentido a ela, que, para mim, são a própria vida em si. Mas o luto não vê conta bancária. As pessoas vão morrer, o tempo vai passar, relações irão se romper, trabalhos e contratos vão cessar, a juventude vai acabar. Tente oferecer hoje o que de mais importante se pode dar a alguém: afeto. Aquela ligação surpresa, um abraço mais demorado, um elogio sincero, um sorriso sem motivo, um "muito obrigado". Eu desejo que você possa honrar a vida e as pessoas que o fazem se sentir vivo. Espero que possa ter as necessidades básicas atendidas e que, assim, a sua busca pelo dinheiro não roube tanto tempo e energia. Não roube tanto da sua vida. Porque o luto não escolhe dinheiro ou posição. Ele simplesmente não pode comprar o passado de volta.

Honre quem caminha ao seu lado. Você já tentou mudar o seu jeito só para impressionar alguém? É muito bom conviver com quem nos deixa confortáveis para apenas sermos. Mas será que só conviver com quem nos valida é bom? Quanto precisamos nos esforçar e aprender, e quanto nos oferecer autoempatia?

Qual é o limite entre se acolher e "passar pano para as merdas" que fazemos? Até porque empatia não é concordar com o que foi feito, é compreender o que levou algo a ser feito. Compreender não é "passar pano", é uma ferramenta de aprendizagem muito mais poderosa do que a culpa. Reconhecer e acolher quem é você é diferente de se acomodar, e não exclui o querer evoluir, pelo contrário: é o primeiro passo para a mudança. Como aprender com as críticas, sem que a opinião externa coloque em xeque a sua opinião sobre si e sua confiança interna? Tendo clareza do aprendizado e do que pode ser feito diferente na próxima vez. Isso demanda esforço. É preciso esforço para cuidar de si, das relações e do dinheiro. Pode virar sacrifício quando não temos o básico para sobrevivência, sofremos preconceitos ou estamos sós. Busque parceria, não validação. Precisamos de pessoas que nos façam refletir, mais do que ouvir "você tem razão", que tragam mais perguntas que respostas. É muito raso e triste ficar na superfície do certo e do errado e da reprodução de padrões, sem mergulhar na aventura gostosa da investigação, das camadas não óbvias, na beleza da profundidade.

Escolha bem quem inspira você

Nem todo sucesso vem de mérito ou trabalho duro, e nem todo fracasso ou pobreza se deve à preguiça. É importante considerar isto antes de julgar as pessoas, inclusive a si mesmo. Muitas gente com poder, ou que aparenta ser bem-sucedida, tem mais interesse em nos tornar consumidores alienados do que investidores conscientes. Tendemos a patrocinar quem não precisa do nosso patrocínio, à custa de ficar na mão em caso de imprevistos financeiros. Estamos cada vez mais frágeis. E ainda mais grave que as influências externas é a nossa decisão de ignorar o problema: o negacionismo financeiro.

A gente se compara – ou tem como inspiração – a pessoas geralmente fora da curva. Contudo, é mais estratégico olhar menos para casos específicos e mais para os padrões gerais. Muito se fala e se lê do homem mais rico do mundo, mas verdade seja dita: é quase improvável que a gente chegue lá um dia. Talvez seja mais importante saber que, de forma geral, pessoas com mais autonomia sobre o próprio tempo são mais felizes. Então faça algo útil em relação a isso, para caminhar nessa direção, ou procure aprender mais sobre o assunto. Teste o que funciona – ou não – para você.

Eu mesma não sou disciplinada, organizada e controlada. Nada do que disseram até hoje se aplicaria à minha vida financeira, como falei lá no começo deste livro. Encontrei respostas na Comunicação Não Violenta e outros aprofundamentos em desenvolvimento pessoal e competências comportamentais.

E foi nesse processo que aprendi a respirar, a me amar e, como consequência, precisar de menos e consumir menos. O curioso é que eu sempre achei que me amava. Se me perguntassem, eu responderia com muita certeza: "Eu me amo muito! Recompenso e mimo a mim mesma o tempo todo, porque se eu não fizer por mim, quem vai fazer?". Quando entendi que estava comprando meu amor-próprio com o consumo, percebi que não me amava. Eu só queria ser vista. E conseguia isso através da minha imagem. Então aquilo, na minha visão da época, funcionava. Mas essa atenção que eu recebia era muito frágil. No fundo, eu sabia tanto isso, que queria sempre fazer mais, ter mais e parecer mais, para alimentar o bichinho carente que me habitava. E nem estava tão no lado inconsciente... era só prestar mais atenção em mim – aquela atenção que eu tanto buscava do lado de fora.

Cuidar do dinheiro de forma consciente é ter consciência sobre si, antes de mais nada.

Jeff Bezos, o todo-poderoso CEO da Amazon, perguntou ao famoso multibilionário Warren Buffett em uma conversa: "Você é um dos homens mais ricos do mundo e, ao mesmo tempo, tem uma filosofia de vida e investimento simples. Por que o mundo inteiro simplesmente não seguiu isso?". A resposta de Buffet: "Porque ninguém quer ficar rico devagar".

O neurocientista português António Damásio fala sobre o conceito de "miopia para o futuro", quando as pessoas são controladas pelas perspectivas imediatas e ficam, de certa forma, insensíveis ao futuro. A má notícia é que independência financeira é uma maratona, e não uma corrida de cem metros (com raras exceções). O que mais atrapalha uma mudança de comportamento é a recompensa imediata. Só a ideia de recompensa imediata já promove uma descarga de dopamina, que nos impulsiona a buscar a sensação de bem-estar e prazer imediato, mesmo sabendo que é prejudicial no longo prazo. É essa mesma lógica que nos faz comer salgadinho em vez de salada, ou colocar um filme em vez de ir se exercitar. Com o dinheiro é igual. Prazer não é felicidade. Prazer é dopamina, e é o vício nela que nos leva à insatisfação crônica e nos coloca na contramão da felicidade. A mesma sensação boa que existe só de pensar em muita riqueza é a mesma que o faz gastar de forma irracional, e acabar indo na direção oposta disso. Então, como podemos investigar mais profundamente esse sistema interno?

O primeiro passo é saber que não é fácil, vai dar merda no caminho e fazer sem ajuda vai doer bem mais. E depois começar refletindo sobre:

- **O que é mais importante do que tudo para mim?**
- **O que posso eliminar, que não funciona mais, ou me afasta do que é mais importante?**

As coisas que você tem feito e consumido aproximam ou afastam você do que importa de verdade? As pessoas que você admira estão mesmo inspirando ou enganando você? Reflita sobre isso e pense um pouco para podermos avançar para o próximo passo: seu impacto no mundo.

Capítulo 6

SEU IMPACTO NO MUNDO

A CNV, em seu último pilar, ajuda a construir melhores pedidos e acordos. Reduz o risco de acordar algo que não seja bem compreendido, e, portanto, não cumprido. E melhor: através de toda uma compreensão feita nos pilares anteriores, a CNV facilita a elaboração de estratégias mais inteligentes e mais conectadas com as causas de um desconforto, considerando todas as pessoas envolvidas, trocando monólogos por diálogos e trocando pedidos e exigências por acordos.

Sempre existe um pedido implícito no desejo de consumo. E já que pedido ou acordo são diferentes de exigência, então há espaço para um possível "não". Recordando o que mencionei anteriormente, o "não", em geral, vem depois de um pedido, que inclui uma estratégia ou uma forma de fazer algo, então eu sempre vejo o não como um "assim não". E a pergunta que segue é "se não assim, então como?".

Partindo das necessidades, podemos entender o que nossas vontades e desejos estão pedindo na verdade, e a partir disso é possível escolher melhor o "como". Nas relações também é assim. Partindo das necessidades que compartilhamos, conseguimos acordos mais criativos e colaborativos, sem apego a uma única estratégia, sem repetir de forma automática coisas que aprendemos no passado. Reflita se você tem dado espaço para o "não", como o recebe e se tem disponibilidade para oferecer empatia e continuar escutando ativamente: os outros ou a si.

Em geral, o consumismo não costuma ser a melhor estratégia para o bem-estar, e impacta o mundo de forma negativa e não sustentável. Várias pesquisas já mostraram que o consumo não melhora a vida de ninguém, mas que o estresse financeiro, esse sim, pode piorar muito a nossa qualidade de vida. Você pode até pensar que não compra muito, mas consumo é tudo o que trocamos pelo nosso tempo, energia e dinheiro. Nós consumimos e somos consumidos o tempo todo, seja por meio de experiências, relacionamentos, conteúdos, alimentos ou produtos. Então vamos falar sobre isso, mas antes quero fazer um breve resumo sobre a realidade brasileira.

O Brasil em números

Bem, vamos começar com alguns números sobre os valores salariais em nosso país. Você se considera entre as pessoas mais ricas ou mais pobres do Brasil? Só para termos uma ideia sobre isso, vamos dar uma olhada nos números de 2023: Apenas 5% da população ganhava acima de R$ 10.000,00 por mês. E 90% dos brasileiros ganhavam menos de R$ 3.500,00. Setenta por cento da população recebia até dois salários-mínimos, e o salário-mínimo era de R$ 1.320,00. Contudo, o salário-mínimo ideal para atender às necessidades de uma família de quatro pessoas seria de R$ 6.298,91 (isso em 2022).[6]

A empresa Onze (@onzeofficial), descrita em seu *site* como “a primeira *fintech* focada em previdência e saúde financeira para os colaboradores da sua empresa", fez uma pesquisa em maio de 2022 em sua página do Instagram. Ela entrevistou 1.603 trabalhadores formais em regime CLT (que costumam ter renda maior que os informais), e essa entrevista mostrou que 74% dos brasileiros dizem que o dinheiro é sua maior fonte de preocupação. O número é maior do que a angústia pela família (60%), pela saúde (57%) e pelo trabalho (44%). Esse "estresse financeiro" causa impactos que se espalham tanto pela saúde física como pela produtividade no trabalho e nas relações pessoais. Os principais impactos relatados foram:

- **Trabalho:** perda de sono, perda de foco, mau humor e impaciência com colegas.
- **Vida pessoal:** falta de energia para aproveitar o tempo com entes queridos, mau humor e falta de paciência com a família e desentendimentos com o parceiro ou a parceira.
- **Saúde mental:** sensação de ansiedade, pensamento constante sobre pagamentos e dívidas, desânimo, irritabilidade e medo do futuro.

Outro dado preocupante sobre esses problemas relacionados a dinheiro é que o segundo maior motivo de divórcios em nosso país ocorre por questões econômicas. Em entrevista publicada no *site Jornal Jurid*, em 14 de agosto de 2023, Luiz Fernando Gevaerd, especialista na área de Direito da Família, disse: "Quando vivem dificuldades financeiras, as pessoas precisam mudar seus objetivos e acabam renunciando a muitos de seus sonhos, que vinham sendo em grande parte cultivados desde a infância. Por não conseguir realizá-los, a pessoa se frustra e vive insatisfeita, muitas vezes sem saber o motivo real de seu permanente mau humor".

Ele diz que o modo de cada pessoa lidar com o dinheiro também pode ser motivo de briga, mesmo que não haja uma crise nos recursos financeiros: "Quando um dos dois é excessivamente controlado nos custos, evitando todo gasto que considere supérfluo e, assim, privando-se de alguns prazeres que poderiam realimentar o próprio relacionamento. E também pode acontecer pelo motivo contrário, quando um dos dois (ou o casal) faz gastos excessivos e está sempre em descontrole financeiro".

Algumas questões financeiras são, inclusive, trazidas como atitudes comparáveis a uma traição e podem levar a uma quebra de confiança irreversível, como:

- **Não ser transparente em relação aos recursos.**
- **Esconder alguma compra do parceiro ou da parceira.**
- **Mentir sobre o quanto ganha ou sobre qualquer dinheiro a mais que entra ou sai da conta no mês.**
- **Descumprir o limite de gastos estabelecido dentro do relacionamento com coisas não essenciais.**
- **Esconder problemas financeiros (como dívidas).**
- **Não considerar a opinião do parceiro ou da parceira antes de tomar decisões que possam impactar a renda do casal ou da família (como mudar de emprego ou trocar de carro) etc.**

Honestidade e confiança são essenciais para criar um ambiente seguro em uma relação. Casais podem até, em comum acordo, decidir não compartilhar sobre suas finanças individuais, mas a transparência em relação ao dinheiro tende a refletir mais troca e abertura para outras situações e assuntos também.

Em um país no qual 90% da população ganha menos de R$ 3.500 por mês e metade da população adulta se encontra inadimplente com suas dívidas (dados de 2023), a questão financeira se torna central nas relações. Em meio a essa complexa trama de questões que afetam tantas vidas no Brasil, é evidente que o dinheiro não é apenas um instrumento de troca, mas também um fator determinante na qualidade de vida, nas relações interpessoais e até mesmo nas escolhas pessoais. Isso reforça a importância do conhecimento em relação ao dinheiro, para entendermos as desigualdades, os privilégios que poucas pessoas têm e a pressão constante que muitos enfrentam devido às suas circunstâncias financeiras. Esse é um desafio compartilhado que nós temos enquanto cidadãos. Com isso, precisamos fazer uma pergunta incômoda:

Você ganha pouco ou gasta muito?

Se você não lembra no fim do mês como gastou seu dinheiro, está gastando muito. Se já tem as necessidades básicas atendidas, mas gasta mais da metade do seu salário com os "extras", provavelmente está gastando muito. E aqui não estamos falando apenas de compras pontuais, isso serve também para o alto custo de vida que você pode ter adquirido. Você tem gastado com o que realmente importa, o nutre e torna sua vida melhor, ou nem lembra direito o que fez com o dinheiro? Tem deixado que ele se perca? Gastar é necessidade apenas para o essencial. Para o resto, é hábito.

Geralmente, gastamos muito no modo automático e não usamos o dinheiro no que importa: autocuidado. E consumismo não é autocuidado. O que o torna uma pessoa rica não é o trabalho. É a soma do dinheiro que investimos. Um bom salário pode até proporcionar uma vida de aparência rica. Mas sem investimento, isso só vale enquanto você estiver trabalhando. E é isso que o mercado quer. É isso que a indústria do consumo quer: pessoas cansadas. Porque pessoas cansadas perdem o senso crítico, operam no piloto automático e consomem muito mais. Pessoas que consomem cada vez mais e funcionários que dependem cada vez mais de um trabalho. Qualquer trabalho, qualquer salário.

Contudo, a renda do seu trabalho tende a cessar, e a renda do que você investiu é o que vai te manter um dia. Nesse ponto, quero fazer uma pergunta: você gostaria de ter mais reconhecimento e maior remuneração no trabalho? E você, quanto se reconhece e "se paga" todo mês? Investir é hábito. Gastar também. Há quem invista ganhando pouco e há quem gaste tudo o que ganha, com renda alta. Não espere ganhar muito para começar. Pague primeiro a si mesmo. Sua saúde financeira – e emocional – agradecem.

A situação do país está vergonhosa, então é preciso reforçar aqui que esse conteúdo é para quem já tem as necessidades básicas atendidas. Consciente de todos os privilégios (caso os tenha), será que seu problema é pouco dinheiro? Será que mais dinheiro seria a solução? Se você puder doar um cobertor na rua hoje, vai se sentir mais feliz do que se achasse 50 reais no bolso de um casaco velho. Acredita? Quando a gente tem o básico, ter mais dinheiro nem sempre é o mais importante, mesmo quando parece muito óbvio que seja.

Consumismo não é autocuidado.

Dito isso, antes de finalizar esta seção, quero deixar aqui algumas perguntas:

- **Quem você apoia?**
- **O que o seu dinheiro e sua energia financiam?**
- **De quem você comprou o(s) ovo(s) de Páscoa ou panetone(s) no último ano?**
- **Quando comprou suas últimas roupas e presentes, eles foram feitos com amor? Promovem e ajudam pequenas empresas e famílias? Foram produzidos de forma sustentável e responsável? Distribuem renda e giram a economia local? Usam embalagens com menos plástico?**

Nem todo preço vem escrito na etiqueta. Se ele é muito baixo, alguém está pagando por você: seja o meio ambiente, as pessoas que trabalham na produção e na logística, ou ambos... mas alguém paga. Inclusive a sociedade, quando bancamos a centralização de renda, comprando de empresas gigantes que nem sempre são exemplo de boas práticas. Se você tem opção, reflita sobre o que o seu dinheiro está financiando. Cada escolha que fazemos tem muito poder de impacto. Se for comprar, compre de forma local, apoie pequenos negócios ou compre de quem os apoia. Porque é muito fácil dizer que consome para girar a economia e gerar empregos enquanto fechamos os olhos para os dados que comprovam que, quanto mais o mundo consome, mais aumentam as desigualdades e a centralização de renda.

Consumismo não é autocuidado: a indústria do consumo

"É só mais essa comprinha." Sabe aquela pessoa que só pede desculpas, mas não muda as atitudes? Tóxico, não é, meu povo? Então, por que você faz isso consigo? A vida trata a gente do jeito que a gente se trata. Por isso sempre afirmo: consumismo não é autocuidado, pois não cuida de você (nem das suas relações).

"Qual é a sua responsabilidade na desordem da qual você se queixa?". Essa famosa frase de Sigmund Freud pode ser usada para fazermos uma reflexão: compramos coisas como fuga a questões e necessidades mais profundas, e aí invertemos a lógica do impacto das nossas emoções sobre o dinheiro para uma lógica do impacto do dinheiro – ou a falta dele – sobre as nossas emoções. Isso sem falar na "ressaca" financeira que pode vir como efeito rebote depois de extravasar estresse no consumo impulsivo, como já citei algumas vezes em forma de alerta ao longo deste livro.

"Se você tentar evitar seus sentimentos, eles ficarão mais intensos", diz Melanie Harned, autora de *Tratando Trauma com a Terapia Comportamental Dialética*. Por isso, cuide deles e investigue as suas necessidades através das listas que vimos anteriormente.

"Ah, mas é natural ser consumista no mundo de hoje, não é?" A resposta é NÃO! O consumismo é *normal* porque foi *normalizado*. Mas não é natural do ser humano e não nos nutre de verdade, em nada. É só a indústria do consumo manipulando as pessoas: o momento seguinte chega tão rápido que é difícil viver no presente. E quanto menos presentes e conscientes somos, mais fácil nos deixamos manipular. Temos que fazer um grande esforço para ir contra um sistema tão poderoso que nos convenceu de que deixar de comprar é um "não" para si. Mas é um "não" para o consumismo desenfreado. E isso é um "sim" para você, seu autocuidado e seu amor-próprio. Dá trabalho, mas nos liberta.

Pico della Mirandola nasceu em 1463 e redigiu novecentas teses que afirmam a possibilidade de uma paz filosófica entre as diferentes crenças. Foi acusado de heresia e morreu aos 31 anos, envenenado por arsênico, em circunstâncias misteriosas. Em sua obra *Discurso Sobre a Dignidade do Homem*, de 1496, ele menciona que o desejo do homem não tem fronteiras, e complementa: "Como poderia a criatura que foi criada de fato para desejar não aspirar a realizar aquela beleza que ele reconhece como alheia a si mesmo, e torná-la sua?".

Nós, humanos, desejamos por natureza. A vida é uma eterna falta de algo. Mas estamos sendo criados, influenciados e estimulados para nos comportar de forma desenfreada e consumista o tempo todo. Tornar nosso tudo o que é "belo". Eu lia os trechos desse livro e me perguntava: "Que parte de nós é essa que gosta de engaiolar pássaros, com a premissa de que fazemos isso por amor?". A quem serve o nosso amor? O que é amor e quando ele se torna um fim e não o meio de vida e das relações? O que é mais importante para você, e quais estratégias você tem usado para nutrir tudo isso? O "não" para um impulso pode ser um "sim" para o seu verdadeiro "eu". O "não" para o consumismo pode ser o "sim" para a sua felicidade.

Tudo o que experimentei na vida – e estou compartilhando aqui – foi um solo fértil que me permitiu ter consciência e saber separar o que é fato das histórias que conto para mim mesma, o que eu quero do que eu preciso, o que sou eu cuidando de mim do que sou eu me sabotando (lembra da história do bolo de pote?). E isso fez e faz toda a diferença para a minha saúde financeira.

Já falamos sobre as necessidades humanas. E que elas são universais. Os profissionais de publicidade e marketing sabem disso, e muitas vezes exploram isso com o intuito de impulsionar o consumo. Os meios de comunicação nos convencem de que seus produtos são "necessários", pois eles "resolvem" vários problemas para nós, inclusive aqueles que nem temos. Nos liberam de pensar, de refletir se realmente precisamos daquilo, e a solução vem pronta, como se alguém finalmente tivesse olhado para nós e pensado em algo perfeito. Encantador, não acha? Apenas mais e mais formas de querer nos controlar e roubar nossas vidas por meio do consumo do nosso dinheiro, do nosso tempo. E tudo isso com a nossa autorização, ainda que de modo inconsciente.

Ao reconhecer e satisfazer nossas necessidades de maneira mais assertiva e saudável, podemos reduzir nossa dependência do consumo como uma forma de preencher vazios emocionais. Não estou querendo criticar todo tipo de compra, e acredito que cada vez mais existem pessoas empreendedoras oferecendo produtos ótimos, mais sustentáveis e responsáveis na cadeia de produção. Mas, com tanto acesso às informações que temos e ciência dos impactos do nosso consumo no mundo, é cada vez mais inconcebível a febre generalizada que eventos como uma *Black Friday* causam.

Em suma, dinheiro é energia. E tudo aquilo onde colocamos a nossa energia cresce. E dificilmente cresce em plenitude se boa parte dessa energia for para financiar violência humana, animal ou ambiental. Você também é o que consome. Quando aprendemos a escolher melhor (coisas, lugares, conteúdos etc.), naturalmente passamos a escolher melhor as pessoas ao nosso redor e a fazer melhores escolhas dentro das relações. É um ciclo que se retroalimenta. Você pode começar pelos bens materiais e ver isso se refletir nas relações, ou começar nas relações e ver os bens materiais perderem o sentido. Quando já temos o básico, o que fazemos com o resto é escolha nossa. A vida que vivemos nem sempre é a vida que escolhemos, mas é a escolha diária que vivemos. É por esse motivo que dificilmente o que vai para uma compra de roupa volta em autoestima de forma sólida.

Não é culpa sua desejar coisas. A indústria do consumo é uma força poderosa que desempenha um papel significativo nas nossas vidas. Muitos produtos já são projetados para ter uma vida útil limitada, o que incentiva os consumidores a comprarem novos itens regularmente. Isso levanta preocupações sobre o desperdício e o impacto ambiental. A indústria da moda rápida (*fast fashion*) é um exemplo notável de consumo rápido e descarte. No Brasil, muitas pessoas gastam o pouco que têm com consumismo, às vezes mais do que com as necessidades básicas, para evitar a humilhação social e o medo de virar objeto de julgamentos e piadas por não estarem "na moda". A gente tenta aliviar até a culpa da ausência ou de um erro comprando presentes para compensar a dor de alguém, como se isso funcionasse.

Para piorar, falar de forma franca e aberta sobre dinheiro é um desafio, justamente por ser ainda um tabu, e isso é ótimo para a indústria do consumo. Quanto mais dependemos de salário, mais as grandes empresas lucram, tendo pessoas que aceitam trabalhar muito por uma remuneração razoável. O consumo de supérfluos às vezes parece bom: é como um respiro, uma pausa relaxante, e uma forma de compensação emocional. Mas só parece. Ele te afoga na dependência de um trabalho que, em muitas situações, só te escraviza. É como superar as metas e receber um bombom em troca. E não se engane: existem muitas empresas fazendo isso com você, mas nós também – frequentemente – fazemos isso conosco e com o planeta.

Muito dinheiro – muito mesmo – é injetado diariamente para nos distrair e criar desejos e estímulos, sem que a gente nem sequer questione. É uma estrutura gigantesca de dominação e manipulação para padronizar comportamentos que são individuais – ou deveriam ser – e evocar disciplina e subordinação. É uma vida tentando ser cada vez melhor, ou seja, não perder nenhuma oportunidade. Mas melhor para quem? Eu quero muito que a gente consiga sair do "trabalha, trabalha, trabalha – gasta tudo rápido – trabalha, trabalha, trabalha". Mas, para isso, é preciso muita rebeldia e questionamentos constantes sobre o nosso comportamento e sobre as nossas reações.

F.O.M.O (abreviação de *fear of missing out*) é uma sensação estranha, de medo ou receio por se sentir de fora, não conseguir acompanhar ou participar de tudo o que acontece na vida real e nas redes sociais. Isso gera uma curiosidade nada saudável em saber o que os outros estão fazendo, vestindo, comendo e até sentindo. Como disse Fernando Kimura – formado em Marketing e especializado em Marketing Digital pela ESPM e Neuromarketing pela UBA (Universidad de Buenos Aires) – em sua palestra do TEDx: "As pessoas são ctrl C + ctrl V [atalhos do teclado que significam 'copia' e 'cola', ou seja, copiam comportamentos alheios, do coletivo e colam em si mesmas], mas elas se acham únicas e exclusivas, usando os mesmos restos que compraram em [lojas] *outlets* de Miami. Elas valem as roupas que elas têm e não os livros que elas leem. E quando leem um livro, é o da moda".

Esse é o sistema que, mesmo num país tão desigual, convence que todo mundo precisa ter o que todo mundo tem, não importa sua condição atual. O consumo desde a infância passa a ser visto como um direito e dever humano universal que não conhece exceção. Quão violento é isso? No livro *Vida para Consumo: A Transformação das Pessoas em Mercadoria*, Zygmunt Bauman – sociólogo e filósofo polonês, professor emérito de Sociologia das universidades de Leeds e Varsóvia (e também autor do clássico *Amor Líquido: Sobre a Fragilidade dos Laços Humanos*) – diz que as nossas relações foram colonizadas pelos padrões inspirados e moldados pelo mercado, e estão sendo construídas de forma semelhante à relação entre um consumidor e seu objeto de consumo: existe a parte que escolhe e a parte escolhida. Isso me lembra muito quando Marshall Rosenberg diz que a origem da violência e da falência das relações são as dinâmicas de poder e submissão que as regem (que mencionei logo no início deste livro). Segundo ele, essa ideia de que "consumidores escolhem e mercadorias são escolhidas" é uma ilusão, já que os próprios consumidores se tornam também mercadorias. Ou seja, nós somos promotores de mercadorias ao mesmo tempo em que somos a própria mercadoria em si. Sem perceber, nos colocamos como produtos e nos remodelamos a fim de atrair "demanda e fregueses". E como disse Germaine Greer, importante acadêmica e feminista australiana:

"Na era da informação, a invisibilidade é equivalente à morte."

Na sociedade do consumo, sempre haverá algo ou alguém "melhor". As relações se pautam na conquista do alvo e não na construção de algo. É aí que se alimenta a ideia de que a felicidade é o destino, e não a trajetória. E na trajetória nos restou buscar apenas pequenos prazeres que se confundem com momentos de felicidade. E nos viciamos nisso. Na efemeridade de microdoses de dopamina para nos entreter das tristezas que a própria sociedade focada no consumo acaba por criar em nós.

No livro *Nação Dopamina*, sua autora, a dra. Anna Lembke, menciona nossa crescente busca por esse neurotransmissor associado ao prazer e à recompensa, e como isso está impactando nossa cultura, economia, política e até mesmo nossa felicidade. Ela descreve como as redes sociais, aplicativos de *smartphone* e algoritmos de recomendação são projetados para manter as pessoas engajadas e consumindo conteúdo constantemente: para promover instabilidade e insaciabilidade dos desejos e prazeres.

Mas, no fundo, gente feliz de verdade não valoriza tanto esses pequenos prazeres, nem cai na ilusão ou desejo de viver repetidas vezes as mesmas emoções. Por exemplo, é raro viver a paixão do primeiro ano de namoro depois de dez anos de casamento. Mas nosso vício em prazer nos leva a acreditar nisso e fazer das relações uma loteria: não deu certo desta vez, é só comprar outro bilhete. Não estou dizendo que devemos insistir em relações que já acabaram ou que sejam abusivas, pelo contrário.

Mas é justamente essa obsessão por ter alguém, ou achar "a" pessoa, que aumenta as nossas chances de cair em ciladas enormes.

Rolland Munro – professor honorário da Universidade de York e Professor de Filosofia da Organização da Universidade de Leicester – diz que a melancolia é "sentir a infinidade da conexão, mas não estar engatado em coisa alguma". Na era do consumo desenfreado, a gente compra por impulso e prazer imediato, e logo entra num estado de indiferença (*blasé*) e vai para o estado melancólico até a próxima tentativa de "engatar de verdade" em algo. Não vemos graça em simplesmente estar. É uma experimentação contínua, sem experimentar de verdade. Com muitas variáveis e poucas constantes.

Freud dizia que a gente pode sentir uma maravilhosa alegria ao fim de uma dor de dente. Mas dentes que simplesmente nunca tivessem doído não causariam o mesmo efeito. Metaforicamente, o objetivo da indústria do consumo é nos causar a dor e depois vender a maravilhosa alegria. Isso a todo momento, já que, sem a frustração dos desejos, a demanda logo se esgotaria. A cultura do consumo se retroalimenta. Ela é causa e efeito, ao mesmo tempo.

Voltando a Bauman e como ele vê a sociedade de consumo, uma economia orientada para o consumo promove ativamente a deslealdade, solapa a confiança e aprofunda o sentimento de insegurança, tornando-se ela própria uma fonte do medo que promete curar ou dispersar e sendo ainda a causa principal da variedade líquido-moderna de infelicidade. Segundo ele, o enfraquecimento e/ou "fragmentação dos vínculos humanos e o domínio da hipocrisia que se estende entre as crenças populares e as realidades das vidas dos consumidores são condições necessárias para que a sociedade de consumidores funcione."[7]

Nós perdemos as nossas habilidades sociais. E como afirmou o treinador e ex-jogador de futebol dinamarquês Thomas Frank, em 2003: "Até a política se torna basicamente um exercício de autoterapia individual, uma realização individual, não um esforço voltado à construção de um movimento". O consumo nos afasta da cidadania e do coletivo, mas não só. Nos afasta também das relações e de nós mesmos. As pessoas estão ocupadas demais ganhando e gastando dinheiro, e sem tempo para se relacionarem de verdade. Mal se comunicam porque vivem cansadas, e se cansam ainda mais porque a comunicação é muito falha. Esgotamos a empatia e atrofiamos a musculatura das interações, e a cada dia vamos nos tratando como mercadoria e dessa forma também tratamos os outros, tal como o monólogo (não tão) imaginário abaixo:

"Sem tempo, irmão. Gostei, fico. Não gostei, vou embora. Aproveito e passo para comprar um *look* novo e sair com aquela pessoa que eu vinha ignorando, aquela 'cartinha na manga'. Assim EU me divirto um pouco, pelo menos. Mereço, vai."

É nessa fragilidade das relações humanas que nos enfraquecemos. E o interesse do mercado é promover cada vez mais a competição, deslealdade e fragilidade. Todo mundo querendo ser ouvido, entendido e obedecido, enquanto avalia – para recompensar ou punir – segundo a rapidez de adequação de cada pessoa. O consumismo vem como uma falsa sensação de apropriação, e ao mesmo tempo rejeição e descarte como virtude.

Um ser humano, desde a infância, e às vezes desde o útero, lida com rejeições. E como não nos deram boa – ou nenhuma – educação emocional na formação tradicional, não aprendemos a lidar com isso. Adivinhem como a indústria do consumo entra aqui? "Eu posso ser rejeitada como mãe, pai, filha, parceira, amiga, profissional... mas nunca como consumidora. Se estou pagando, é meu." Parece brutal, mas é assim que as coisas são. A gente desconta nossas frustrações em coisas que não curam a causa delas. Pelo contrário, as alimentam. O consumismo é a nossa tentativa de aumentar o nosso "valor social". Mas ele não aumenta o valor que as pessoas te dão. No máximo, aumenta a avaliação. Não compramos valor, e sim avaliações mais altas. Ou tentamos. O problema é que sempre haverá alguém que tem mais qualquer coisa. Sempre, sempre! A não ser que você seja a pessoa mais rica do mundo e, verdade seja dita, isso não vai acontecer (e a minha chance de estar errada é de 1 em 8 bilhões – o volume da população mundial em 2023). Assim passamos de "penso, logo existo" para "compro, logo existo", e terminamos em "sou o que sou porque os outros me reconhecem como tal" (Michel Maffesoli).[8] E como nesse mercado somos "livres", se tudo isso não resultar na felicidade que esperávamos, a culpa é toda nossa, nós que fracassamos.

Os membros da sociedade de consumidores são eles próprios mercadorias de consumo, e ser membro dela é um trabalho exaustivo e interminável. Nós pensamos que estamos com o poder de decisão, mas essas decisões já foram tomadas antes, sem a nossa autorização consciente, sem que percebêssemos. O único detentor do poder nessa relação é o mercado de bens de consumo. E o Estado torna-se um executor da soberania do mercado. Dessa forma, nos ensinam a obedecer para, então, sermos livres. Sim, foi exatamente isso que você leu. É absurdo, mesmo. É como mirar na liberdade e acertar na obediência e submissão. Afinal, o PIB precisa crescer.

E se você está pensando "mas, realmente, meu consumismo gira a economia e gera emprego", eu já mencionei sobre o aumento da desigualdade, mas trago agora dados importantes publicados em 2024, pela Oxfam: a fortuna dos cinco homens mais ricos do mundo mais que dobrou desde 2020 enquanto, no mesmo período, quase 5 bilhões de pessoas ficaram mais pobres. Essa engrenagem não gira a renda, ela apenas a concentra.

Não entrarei em detalhes aqui, mas vou introduzir a quem quiser pesquisar mais. Atualmente, existem algumas abordagens econômicas que desafiam o paradigma convencional de "crescimento econômico a todo custo" e buscam soluções mais sustentáveis e equitativas. Elas surgem como respostas à crescente preocupação com os impactos negativos do crescimento desenfreado no meio ambiente e na sociedade.

A primeira é a economia *donut*, um modelo proposto por Kate Raworth – uma economista que leciona no Environmental Change Institute, da Universidade de Oxford – que representa visualmente os limites ambientais e sociais que a economia deve respeitar, e visa satisfazer as necessidades humanas sem comprometer os recursos naturais do planeta. O "buraco" no meio do *donut,* ou rosquinha, representa as deficiências sociais, como falta de acesso a alimentos, água potável, habitação, educação e saúde, que precisam ser resolvidas. O "anel" externo do *donut* representa os limites ambientais, como as emissões de carbono, uso de recursos naturais e poluição, que não devem ser ultrapassados para evitar danos irreversíveis ao planeta. Os defensores da economia *donut* acreditam que o objetivo econômico deve ser manter-se dentro dos limites ambientais, e ao mesmo tempo atender às necessidades básicas das pessoas. Isso implica uma abordagem mais equitativa, sustentável e centrada nas necessidades humanas, em oposição à busca implacável por crescimento do PIB.

A ECONOMIA *DONUT*

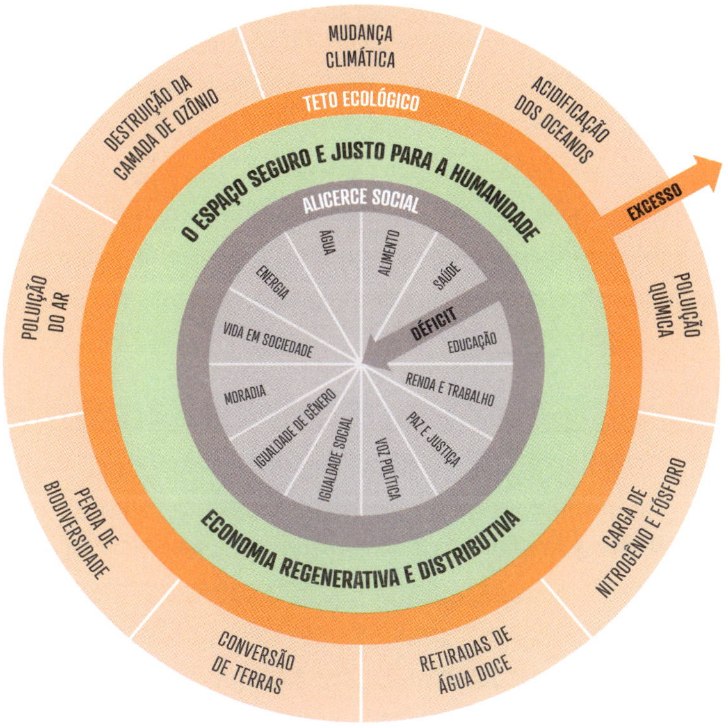

Fonte: Wikipédia

O movimento *degrowth*, ou "decrescimento", por outro lado, é uma ideologia econômica que propõe deliberadamente reduzir a produção e o consumo para atingir uma economia sustentável e mais equitativa. Os defensores do *degrowth* argumentam que o crescimento infinito é insustentável em um planeta com recursos finitos e que o crescimento econômico muitas vezes leva a desigualdades e à degradação ambiental. Sua visão é de que a qualidade de vida das pessoas pode ser melhorada sem a necessidade de crescimento econômico constante. Eles propõem uma mudança no foco, buscando a redução do consumo excessivo, o compartilhamento de recursos e a promoção de estilos de vida mais simples e sustentáveis.

Ambos argumentam que a qualidade de vida, a igualdade e a saúde ambiental devem ser os principais objetivos da economia, em vez do aumento contínuo do PIB. Como disse o professor e palestrante Murilo Gun em uma *newsletter*: "E se for sobre evoluir e não sobre crescer?".[9] Gosto muito desse conceito. Eu mesma reduzi muito minhas formas de consumir, abri mão de muita coisa, e não perdi absolutamente nada com isso. Pelo contrário, só cresci.

"Eu posso ser rejeitada como mãe, pai, filha, parceira, amiga, profissional... mas nunca como consumidora. Se estou pagando, é meu." Parece brutal, mas é assim que as coisas são. A gente desconta nossas frustrações em coisas que não curam a causa delas. Pelo contrário, as alimentam. O consumismo é a nossa tentativa de aumentar o nosso "valor social". Mas ele não aumenta o valor que as pessoas dão a você.

Pobres daqueles que precisam de muito

Quero dar início a esta seção com um relato pessoal. Uma vez, fui viajar e "investi" numa bolsa de luxo. Queria pertencer. Pior ainda: queria aprovação e validação de alguém que nem gostava tanto assim de mim. Na teoria, é óbvio que amor não se compra, mas na prática – ou melhor, na fraqueza – acabamos sempre por cair em ciladas desse tipo. Mas vamos lá...

Me endividei para adquirir a tal da bolsa? É ÓBVIO que sim! Conquistei alguém por isso? Não. Continuei sendo só mais uma no mar de mulheres do meu meio social naquela época, todas com a mesma bolsa. Meu irmão foi me encontrar e, depois de rodarmos a cidade toda, no fim do dia, me disse: "Foi muito curioso e interessante o que observei hoje: os homens olhavam para você enquanto as mulheres olhavam para a sua bolsa".

Ou seja, homens não se importam com a bolsa, e o que eu atraía com ela era, no máximo, inveja de outras mulheres que queriam uma igual. Nunca teve a ver com admiração ou respeito. Era só eu me enganando mesmo.

Isso ocorreu em 2012, e essa "bolsinha" voltou em uma das duas malas de 32 kg. Foram duas semanas fora e carreguei mais de 60 kg só na bagagem despachada, literalmente mais pesado do que eu mesma. Mas pesada mesmo era a carga emocional que estava dentro de mim:

- **Eu estava exausta, pois tinha acabado de ser demitida e tendo assinado, três meses antes, um contrato de compra de apartamento (em frente ao trabalho que me demitiu sem explicar o motivo) não fazia ideia de como continuaria** pagando as prestações. Já me via desfazendo o contrato e perdendo parte do que já havia pagado.

- Estava vivendo um romance unilateral (e no fundo eu sabia, só não queria aceitar). A minha autoestima estava num buraco horrível, e eu nem falava nada a ninguém porque estava sentindo uma vergonha imensa de mim mesma.

Para podermos nos dar conta de como nossas dores emocionais nos colocam em armadilhas, é só fazer uma pergunta simples: como alguém que havia assinado uma dívida de imóvel e ficou desempregada, em sã consciência, compraria uma bolsa de 4 mil euros, equivalente a cerca de 25 mil reais em 2025?

A resposta é: não compraria de jeito nenhum. Não em sã consciência. Eu comprei porque estava me sentindo perdida, desconectada de mim, buscando do lado de fora algo a que me apegar. Na minha cabeça, eu não tinha mais nada a perder. A durabilidade da bolsa é inquestionável, treze anos depois ela segue intacta no meu armário, e as últimas vezes que tentei usar me olhei no espelho e pensei *huuummmmm... cafona*.

Contudo, hoje tenho uma explicação para esse episódio, e foi só assumindo toda essa fragilidade que me fortaleci, aprendi, e nunca mais repeti o erro. Logo depois de ter estudado sobre desenvolvimento pessoal, minimalismo e ampliação de consciência sistêmica, algumas coisas perderam o sentido. Por exemplo: se existem produtos com a mesma durabilidade, mais baratos e produzidos localmente, o que me fazia antes incentivar e sustentar o (já bilionário) mercado de luxo?

Talvez você não seja uma pessoa inadequada ou insuficiente. Talvez inadequado seja o meio em que você interage e a que se compara. Luxo é uma escolha cara para o seu bolso e não nutre o que há de mais caro e valioso para a nossa alma: afeto, acolhimento, conexão, segurança, troca e sensação de pertencimento verdadeiro. Luxo é ter liberdade, paz e conforto: físico, mental e emocional. Uma viagem para qualquer lugar simples e remoto, mas em boa companhia, pode te fazer melhor do que um hotel cinco estrelas com pessoas com as quais você não se identifica de verdade. Liberdade tem menos a ver com o poder de voar e mais com escolher os voos nos quais usar a energia necessária para bater as asas.

Sair de uma loja melhor do que entrou é fácil. Difícil é sair como gostaria de estar. No fundo, o que a gente mais quer comprar ninguém pode vender. As melhores coisas não estão à venda, mas seguimos gastando para comprar as piores. Como você está por dentro? Se o virassem do avesso, encontrariam luxo ou lixo?

Olha aqui a "bolsinha dela" em 2012,
que voltou em uma das malas de 32 quilos.
Carinha exausta (não só a cara)!

Aqui em 2019, com casaco de 2009
que levei na mala de mão.
Mais bonita, mas, principalmente, mais feliz.

A esta altura do livro, você já conhece a minha história e sabe que deu tudo certo. Logo consegui um trabalho com salário mais alto e mais benefícios, então esse foi um mal que veio para o bem, mas digo isso com plena consciência de que poderia ter dado muito errado e me custado uma dívida absurda, uma bola de neve, que se arrastaria por anos e só afundaria ainda mais o buraco da minha autoestima. Por isso, melhor do que parecer bem é ESTAR bem. Então, o meu convite neste ponto é: cuide menos das aparências e mais de você. O escultor francês Auguste Rodin disse: "Quanto mais simples nós somos, mais completos nos tornamos". Talvez você precise mais de alguém do que de algo. Chame aquela pessoa de que gosta e peça um abraço, um tempo de qualidade, uma escuta carinhosa. Essas coisas simples podem operar verdadeiros milagres em momentos dolorosos que vivemos, nos quais, talvez em muitos deles, acabaríamos gastando dinheiro em compras inúteis.

Quando você está em conexão consigo, não precisa colocar esforço em desviar ou se proteger dos gatilhos, ou se preocupar com as boas habilidades de vendedores. Porque esses botões internos simplesmente foram desarmados. Não quero de forma nenhuma – e repito mais uma vez – negligenciar os recordes de pessoas em situação miserável ou passando por ansiedade, depressão ou outras questões de saúde. Mas se você tem as necessidades básicas atendidas e está saudável física e mentalmente, e mesmo assim vive uma insatisfação crônica... é com você que eu estou falando, e um ótimo exemplo disso é esta frase do grupo musical brasileiro Teatro Mágico:

"É simples ser feliz. Difícil é ser simples."

Simplicidade demanda autoestima em dia. E exige que você se cuide, não que você consuma. Autoestima vem de dentro. Vaidade vem de fora. Autoestima é de dentro, o que eu julgo de mim, como eu me vejo. Vaidade é de fora, como eu quero que me vejam. Vaidade é parecer bem. Autoestima é estar bem. Consumismo é vaidade. Autoestima é investir menos no externo e mais no interno. É gastar menos com roupas, carros e restaurantes caros e mais com terapia e viagens. É gastar menos agora para nutrir sua independência e liberdade e, assim, nutrir a sua autoestima.

Nesta imagem logo abaixo temos aquele que ostenta e o outro que é mais "simples". Geralmente o da direita cuida melhor da saúde emocional e financeira. Ostentar é um jeito (e uma estratégia triste) de dizer "eu preciso de atenção". Mas se mostrar para o outro é diferente de ser visto. Todo mundo precisa de atenção. Assumir isso é o primeiro passo para encontrar estratégias mais eficientes, baratas e sustentáveis, além de aumentar as chances de conseguir o que precisamos de verdade.

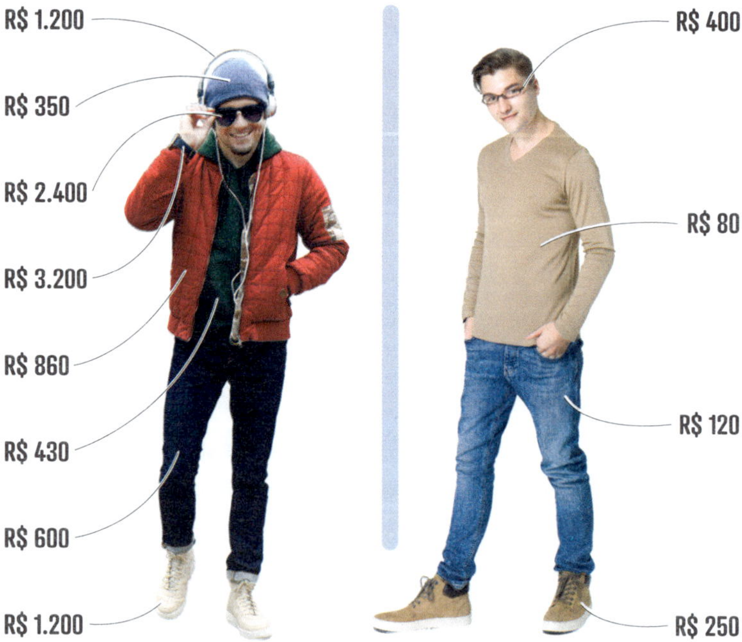

Além disso, há um agravante: os danos do consumismo prejudicam ainda mais as pessoas de menor condição financeira. Elas gastam mais, proporcionalmente, para pertencer, e partem de um lugar de atender menos as necessidades mais básicas, ou seja, de um lugar mais vulnerável, como demonstra o estudo de um artigo publicado na revista científica *Journal of Cross-Cultural Psychology*. Intitulado "The Psychological Consequences of Material Wealth: A Cross-Cultural Study[10] [As Consequências Psicológicas da Riqueza Material: Um Estudo Intercultural, em tradução livre] os pesquisadores examinaram as relações entre materialismo, bem-estar psicológico e *status* socioeconômico em amostras de participantes de diferentes países. Os resultados mostraram que, em geral, o materialismo estava associado a níveis mais baixos de bem-estar psicológico. Além disso, descobriu-se que o efeito negativo do materialismo no bem-estar era mais pronunciado entre aqueles com menor *status* socioeconômico: as pressões do consumismo podem ser especialmente prejudiciais para aqueles que estão em situação de vulnerabilidade social, exacerbando os problemas de saúde mental e financeira.

Isso nos mostra a importância de considerar não apenas os efeitos econômicos, mas também os impactos psicológicos do consumismo, sobretudo entre aqueles que estão em desvantagem socioeconômica. Pessoas de todas as classes sociais podem sentir a pressão para consumir de acordo com as expectativas sociais e culturais. No entanto, essa pressão pode ser ainda mais intensa para a população de menor condição financeira, pois o consumo muitas vezes é visto como um meio de pertencer a determinados grupos sociais ou de alcançar *status*.

Por outro lado, temos pessoas que, tendo alcançado um alto patamar financeiro, optam por uma vida mais simples e/ou discreta. É o exemplo de Luiz Barsi, um dos maiores investidores pessoa física do Brasil, que, em 2023, dirigia uma Variant Passat 2010, que naquele ano valia menos que um carro popular novo. Ele afirma que não gosta de usar aliança: "Não gosto de joia pendurada". É um homem de hábitos simples. Mora em um condomínio confortável no Tatuapé, bairro de classe média na Zona Leste de São Paulo, e vai de metrô duas vezes por semana fazer expediente na corretora de valores onde administra sua carteira de ações, no centro de São Paulo. Barsi justifica sua localização dizendo que quanto mais longe estiver da Avenida Faria Lima – que hoje é um importante centro financeiro em São Paulo – mais próximo estará dos seus valores. Segundo o investidor: "Na Faria Lima existe muito ego e pouca sola de sapato em fábrica".

Ele veio de família de imigrantes e passou por várias dificuldades. Perdeu o pai ainda bebê. Tomou seu primeiro banho quente com mais de 5 anos de idade e começou a trabalhar aos 7: engraxou sapatos, vendeu balas no cinema e foi aprendiz de alfaiate ao lado da mãe (ele afirma que até hoje costura os botões que caem e as roupas que rasgam em casa). Chegou a acumular até três empregos ao mesmo tempo. Mas a mãe fazia questão que ele se alimentasse bem e não faltasse à escola. Aos 14 anos, conseguiu um emprego em uma corretora de valores e se formou em três cursos superiores. Começou a investir antes dos 30 anos. Sua filha mais nova conta que só depois de adulta foi "descobrir" quem era seu pai: um bilionário.

Ele afirma: "Eu não compro um Porsche porque eu não tenho interesse em patrocinar a Porsche. O problema das pessoas é que elas não conseguem administrar seus egos". Eu diria que administrar o ego é tirar o foco do externo e cuidar de necessidades como: afeto, pertencimento, autoestima, conexão, reconhecimento, atenção, entre outras.

Mark Zuckerberg, o CEO do Facebook (agora Meta Platforms, Inc., desde outubro de 2021), é conhecido por estar quase sempre de camiseta cinza e *jeans*. A razão por trás dessa escolha de vestuário é uma espécie de "uniforme pessoal" que ele adotou, e explicou que se vestir de maneira consistente ajuda a economizar tempo e energia na escolha de roupas diariamente. Ao eliminar decisões triviais como o que vestir, ele pode se concentrar em tarefas mais importantes e desafios em sua vida e carreira. Esse conceito de adotar um "uniforme" pessoal é compartilhado por muitos líderes e empreendedores notáveis, como Steve Jobs, que era conhecido por usar *jeans* e suéter preto. Essa abordagem simplifica o processo de tomada de decisão diária, economiza energia, pode aumentar a produtividade e o foco em outras atividades, além de liberar mais tempo para outras coisas ou descanso.

A indústria do consumo é violenta para todo mundo, mas atinge em maior proporção quem está mais vulnerável. Então, cabe a quem tem as necessidades básicas atendidas usar desse privilégio para ir contra o sistema e, dessa forma, apoiar todo um movimento por um mundo menos violento.

Independência sem liberdade de quase nada serve.

As emoções não mentem. Somos nós que as interpretamos de maneira equivocada

Quanto dinheiro já gastamos em busca de validação externa? E quanto tempo já perdemos para ganhar o dinheiro que gastamos? Tempo é vida, e ganhar dinheiro custa tempo, como já mencionei em alguns momentos aqui. Quando seu dinheiro se perde, partes suas estão se perdendo, relações vão se perdendo, momentos importantes vão se perdendo, sua vida vai se perdendo. As pessoas compram carros caros para serem vistas e admiradas. Podemos até precisar de um carro, mas é a prestação de 2 mil reais em vez de 500 que nos mantêm em empregos que odiamos, para pagarmos uma vida sem significado a cada dia, para comprarmos coisas de que não precisamos.

Cada centavo investido no seu futuro é um presente para você. É amor-próprio, autocuidado e maturidade psicológica e financeira. Não estou sugerindo que você deixe de viver o presente. Mas se você gasta tudo, ou quase tudo o que tem, as notícias não são muito animadoras. Se você não consegue viver com 70% da sua renda, como aceitaria um trabalho bem melhor para ganhar um pouco menos? Como conseguiria tirar um ano sabático, de estudos, ou de pausa? A conta não fecha. Vamos analisar?

Essa conta simples não considera juros compostos que fariam você ter mais dinheiro investido no final, mas também não considera inflação, que faz o seu dinheiro valer cada vez menos. Vamos lá:

Renda de 5 mil/mês

- Economia de 10% = 500/mês
- Gasto 90% = 4.500/mês = 54 mil/ano
- **Para se bancar por um ano sem trabalhar:**
54 mil / 500 = 108 meses economizando

Ou seja, nove anos poupando: isso sem contar seu patrimônio, sua aposentadoria, sua independência.

O "quando eu ganhar mais" pode nunca chegar, mas o "como viver com menos" pode começar hoje. Entende o preço de postergar? O preço de não olhar para isso agora? Eu desejo que você possa fazer pausas, escolher melhores trabalhos e cuidar das pessoas que ama, a começar pelo seu "eu" do futuro.

Só o fato de doarmos nosso tempo em troca de dinheiro já é um baita convite para dedicarmos a nós mesmos muita presença e consciência em cada centavo que gastamos.

Cada dia a mais é um dia a menos em nossas vidas.

Tenho comigo essa máxima como lição de vida há um tempão, e não conheço sua autoria. Além do seu tempo precioso, o que mais você já investiu ou tirou de si para transformar em dinheiro? Energia, estudos, experiência, conhecimento, descanso, tempo de qualidade com quem ama, saúde física, mental e emocional... só você sabe o tamanho da sua lista e o custo investido para ganhar dinheiro.

Saúde financeira é não esgotar seu tempo e recursos, e depois usar esse dinheiro para "comprar de volta" tudo isso, em forma de consumo. Isso não ajuda em nada. O que você está comprando com esse dinheiro que é fruto de toda a sua dedicação e abdicações?

Se você morresse hoje, teria algum arrependimento? Bronnie Ware, enfermeira australiana, registrou conversas com seus pacientes no leito de morte em seu *blog*, e seus textos fizeram tanto sucesso que virou um livro: *Antes de Partir: Os 5 Principais Arrependimentos Que as Pessoas Têm Antes de Morrer*. Esses foram os relatos mais comuns:

- **Queria ter aproveitado a vida do meu jeito e não da forma que os outros queriam.**
- **Queria não ter trabalhado tanto.**
- **Queria ter falado mais sobre meus sentimentos.**
- **Queria não ter perdido contato com meus amigos.**
- **Queria ter me permitido ser feliz.**

Pense em todo o tempo e energia que você investe para ganhar dinheiro hoje... Uma vez na conta, o que você faz com ele? Será que seu dinheiro te permite ser mais feliz de verdade? Trabalhar menos agora ou num futuro próximo? Viver a vida do seu jeito? Ou financia aparências, gostos e sonhos que não são seus?

Reproduzo aqui, para fins educativos, um trecho de uma entrevista de José Mujica, ex-presidente do Uruguai:

> **Mujica:** As pessoas estão dentro de uma teia de aranha da sociedade do consumo que foi feita em função da

acumulação. As pessoas nem sequer estão conscientes disso. Quando você compra algo, não se engane: está comprando com o tempo da sua vida, que você precisou gastar para ter esse dinheiro. No fundo o que você está gastando é tempo de vida. Quando proponho a sobriedade como uma maneira de viver, proponho que tenha mais tempo, a maior quantidade de tempo possível para viver a vida de acordo com as coisas que te motivam. Que não necessariamente são as de trabalho.

Entrevistador: Mas pode haver pessoas que livremente pensam que é bom para elas investirem o tempo em ganhar mais dinheiro, e com esse dinheiro comprar um carro melhor, algo melhor ou uma casa maior.

Mujica: Sim, que trabalhem. E que trabalhem muito, se quiserem. É uma decisão livre, mas livres mesmo nós somos quando não nos impõem uma cultura de comprar e comprar, gastar e gastar. Minha definição de pobreza é a mesma de Sêneca: pobres são aqueles que precisam de muito. Esses são pobres.

Falando do filósofo Sêneca, Leandro Karnal, historiador, professor e escritor, considerado um dos principais pensadores contemporâneos do Brasil, também o menciona numa entrevista:

"Tanto estoicos quanto cristãos concordariam com a ideia profundamente estoica que diz 'se você está com a casa muito apertada, cheia de coisas, não pense em uma

> casa maior. Pense em ter menos coisas. Você está achando que o seu dinheiro não basta, apesar de ter sua alimentação garantida, não pense em se desesperar para ter muito mais dinheiro. Pense em gastar menos'. Aceite que todos [nós] estamos envelhecendo, aceite que todos iremos morrer, cultive a sua ataraxia, cultive o seu equilíbrio diante dessas coisas, porque o muito desejar, as paixões, o ódio e o desespero perturbam inteiramente a cabeça, não produzem nada positivo e acabam nos levando a uma vida vazia e sem sentido."

Você já leu algo parecido com "precisamos combater nossos desejos de curto prazo para cuidar do futuro" ou "não permita que os desejos de curto prazo vençam"? É como se fosse uma briga: eu contra meu ego, eu contra os meus julgamentos, eu contra os meus desejos e vontades, meu presente contra o meu futuro. Essa mentalidade nos exaure e não sustenta mudanças comportamentais de longo prazo, que são as mais benéficas. Para conseguirmos a tal da resiliência e consistência, é preciso coerência e compreensão. É preciso sair da ideia escassa de "privação hoje para recompensa amanhã" e entender que escolhas mais assertivas não são necessariamente privação, e prazeres imediatos não são necessariamente recompensas (que se tornam ainda mais violentas se seguidas de ressaca financeira, moral ou física, por exemplo).

Com essa compreensão, conseguimos encontrar incentivos de curto prazo que sejam consistentes com os nossos objetivos de longo prazo. Por exemplo, é mais provável que deixemos de comer um *cheeseburguer* com batatas fritas, não quando ponderamos sobre o risco em longo prazo de obesidade ou diabetes, mas quando consideramos a realidade em curto prazo, lembrando que devorá-lo pode levar a uma "ressaca digestiva" e isso estragaria o resto do dia. Essa presença ajuda a alinhar nossas ações diárias com nossos interesses de longo prazo. Assim como praticar exercícios físicos pensando numa velhice saudável, pode não ser tão animador quanto a certeza da produção imediata de endorfina que trará uma ótima sensação de bem-estar, ainda hoje.

A frase que cito a seguir, do Dalai Lama, já é famosa, mas vale a pena reproduzir aqui:

> **Os homens perdem a saúde para juntar dinheiro, depois perdem o dinheiro para recuperar a saúde. E por pensarem ansiosamente no futuro esquecem do presente de forma que acabam por não viver nem no presente nem no futuro. E vivem como se nunca fossem morrer... e morrem como se nunca tivessem vivido.**

Na realidade, conforme vemos hoje no mundo, chique mesmo é ser livre. E a independência financeira pode ser sua maior conquista para a liberdade genuína. Mas ela não se resume a ganhar mais e "enriquecer logo". E se ainda não chegou lá, use das "coisas que não são coisas", que trazem vida aos seus dias e o ajudam a se aproximar mais rápido dessa independência. Trata-se de precisar de menos, desapegar-se de um padrão que custe a sua vida. Até porque tem gente com muita grana que está presa em muita coisa, o que nos mostra que independência sem liberdade de quase nada serve. Ser realmente livre de qualquer padrão ou submissão, isso, sim, é chique demais. Um luxo para poucos nos dias de hoje, em que a maioria das pessoas é refém de si mesma e de um consumo desenfreado e tóxico. Até porque, as emoções não mentem: somos nós que as interpretamos de maneira equivocada.

"As lojas não são amáveis com a gente. São amáveis com o nosso cartão de crédito."

Essa frase atualíssima é uma fala do personagem de Richard Gere, quando se dispõe a gastar uma quantidade absurda de dinheiro para fazer Julia Roberts "feliz", no filme *Uma Linda Mulher*, de 1990. O que essa frase está nos dizendo?

Naquele contexto da cena, é como se gastar dinheiro fosse *sexy*. Eu me lembro da época em que gastava dinheiro em uma loja e me sentia importante. Eu me presenteava, era super bem-tratada, recebida, acolhida, elogiada e ainda "ajudava" uma vendedora. Vou parar por aqui e dispensar mais comentários, porque a arrogância desse tipo de pensamento me causa vergonha hoje em dia.

No livro *A Mente Acima do Dinheiro – o Impacto das Emoções em sua Vida Financeira*, de Brad e Ted Klontz, reconhecidos como líderes pioneiros no campo da psicologia financeira, e cofundadores da empresa Your Mental Wealth, é explicado que o ritual das compras oferece uma fuga temporária das insatisfações da vida, ou do sentimento de vazio. As compras funcionam como uma droga para preencher esse vazio, assim como o trabalho para os *workaholics*. Mas a verdade é que a dívida ou mesmo a insegurança financeira, muitas vezes, são as próprias responsáveis por problemas de relacionamentos, concentração no trabalho e até complicações legais. E aí essa estratégia na busca por conexão tem um efeito contrário.

Emoções não compreendidas nos arrastam, e levam nosso dinheiro junto. Nosso vazio emocional jamais será preenchido por algo material. Quando as emoções estão confusas, queremos mais do que precisamos, como exemplifica essa frase do palestrante Tiago Brunet: "Seu dinheiro não precisa sofrer com as suas emoções". Resumindo:

Se você está cansado, você não precisa de um mimo. Você só precisa descansar.

Se você está carente, você não precisa de uma viagem. Você precisa de uma boa companhia, não importa o lugar.

Se você está triste, você não precisa de um presente. Você só precisa de apoio e acolhimento.

Se você está perdido, você não precisa de um vinho. Você precisa de uma boa conversa regenerativa.

Se você está tenso, você não precisa de um bar caro. Você precisa de boas e verdadeiras risadas.

Inteligência emocional é meio caminho andado para a inteligência financeira. Quando você desejou ter mais dinheiro, pediu junto mais sabedoria, paz de espírito, equilíbrio e consciência para não gastar tudo? Mais dinheiro não traz tranquilidade financeira quando os gastos aumentam na mesma proporção. Saúde financeira não é sorte, como já reiterei algumas vezes ao longo deste livro: ela significa apenas boa gestão dos recursos através de uma relação saudável com o dinheiro. Lidar melhor com o dinheiro, lidando melhor consigo mesmo. Como está sua autoestima e sua sensação de pertencimento? Se te causam desconforto, é provável que o seu dinheiro esteja sofrendo junto. Provavelmente é mais importante cuidar disso do que encontrar maneiras de ganhar mais dinheiro.

Se um relacionamento não traz felicidade, a ausência dele também não vai trazer. Porque não se trata do relacionamento, mas da forma como nos relacionamos e os tipos de pessoas que atraímos para a nossa vida. Tudo depende do que queremos e não como algo pode nos fazer mais felizes ou menos felizes. Uma necessidade não suprida causa dor. A gente precisa entender de onde vem isso e curar a dor, a necessidade, em vez de tentar se livrar dela. Nossa cabeça dói às vezes e nem por isso a arrancamos fora, ou nos livramos dela. Não cuidar das nossas necessidades humanas – ou confundi-las com os nossos desejos – nos abre vazios enormes. E viver tapando um vazio é o caminho para uma vida escassa, de mendigar sobrevivência, tempo e energia. Porque nada é suficiente. Isso é exaustivo. Mas existe uma outra vida onde podemos nutrir as nossas necessidades sem fugir delas, e aí as nossas ações e os nossos desejos não partem de um vazio, de uma dor. Partem da presença. É isso o que precisa ser aprendido.

As emoções não mentem: somos nós que as interpretamos de maneira equivocada. E emoções não compreendidas nos arrastam e levam nosso dinheiro junto.

Consumismo não é autocuidado. Sim, é preciso reforçar!

A *Black Friday* é outro exemplo de produto da indústria do consumo. Criada na década de 1950 na Filadélfia, Estados Unidos, é uma ação promocional realizada por lojistas na quarta sexta-feira do mês de novembro para incentivar as compras de final de ano, e que se espalhou para outros lugares do mundo. Pablo Ruisoto, professor de Psicologia da Universidade de Navarra, Espanha, nos diz que "o sucesso da *Black Friday* é um símbolo do êxito do consumismo como forma de vida na sociedade atual, onde consumimos, substituímos e descartamos num ritmo cada vez maior e, portanto, insustentável".

As lojas se aproveitam de eventos comemorativos para nos bombardear e nos fazer sentir mal pelo que ainda não temos. Eu leio anúncios e minha mente os traduz para:

"Compre este produto que ninguém precisa, mas todo mundo tem. E compre logo porque é edição limitada. Temos apenas 3 unidades em estoque e a promoção é só hoje."

Existem vários gatilhos utilizados pela mídia nessa frase: escassez, urgência, exclusividade, autoridade... vários dos que já comentamos antes, para nos levar a comprar no impulso. Mencionando novamente o vencedor do prêmio Nobel, Daniel Kahneman, em seu livro *Rápido e Devagar* ele diz que tomamos ações rápidas e sem pensar porque nosso corpo deseja economizar a energia que seria consumida refletindo sobre algo. O que tenho a dizer sobre isso, é que quando me conectei comigo, o ambiente perdeu muito do efeito sobre mim. As comparações não fazem mais sentido e comprar deixou de ser algo prazeroso, mesmo nos dias em que me sinto mais cansada, frustrada ou no modo automático. É o mecanismo que desarma gatilhos, como já mencionei anteriormente. Como exemplo, vou compartilhar algumas dicas para ajudar nesse processo, e que funcionaram muito bem para mim. Elas podem ser úteis se praticadas até que os "botões de impulso" tenham sido desarmados de forma definitiva:

REDES SOCIAIS:

- Não sigo pessoas que vivem de aparências, ou que curtem compartilhar um estilo de vida consumista.

***SHOPPINGS*:**

- Não frequento *shoppings*. Nem para comer ou "só" tomar um sorvete. Até cinema, prefiro os de rua.

TELEFONE CELULAR:

- Não fico "passeando" em lojas virtuais.

MEIO AMBIENTE:

- Sei que tudo que consumo virará lixo um dia.

REDE DE APOIO:

- Escolhi duas pessoas em quem sei que posso confiar e com quem posso ser eu mesma. Às vezes, eu mandava mensagem só para contar das minhas vontades e conversar um pouco sobre aquilo tudo. Geralmente passava. Hoje eu já tenho isso bem trabalhado aqui dentro de mim.

ENERGIA:

- Creio na energia do dinheiro e que ele é fruto da minha própria energia. Nada que não seja muito importante merece drenar minha energia - nem o meu dinheiro.
- Também acredito que tudo o que compro carrega a energia dos rastros que esse produto deixou durante sua produção, seja por exploração do meio ambiente, seja das pessoas em toda a cadeia, que permitiu que aquilo chegasse até mim.

LISTAS:

- Faço uma lista de tudo o que eu quero e escolho um item por mês. Naturalmente o que é importante se mantém no início da fila e o resto cai.

Tem gente que fica tentando se convencer do por quê merece ou precisa de algo. Eu sempre busco me convencer do contrário. Podemos ampliar nossa consciência, mas somos humanos e erramos, não importa o grau de "evolução". Tem dias que estamos muito vulneráveis mesmo. Então é importante ter estratégias para aumentar as barreiras de compra.

Em datas perigosas, como pré-*Black Friday* ou datas promocionais:

1. **Faça uma lista de tudo o que você quer comprar antes de ser pego pelo impulso.**
2. **Classifique os itens entre:**
    - Importante, mas não urgente: deixe para depois.
    - Urgente, mas não tão importante: não compre.
    - Importante e urgente: essa é sua prioridade para a *Black Friday*. Pesquise preços com antecedência para não cair em promoções falsas.
3. **Depois disso, com a lista em mãos, reflita:**
    - Estou mesmo cuidando de mim?
    - Estou vulnerável hoje?
    - O que eu quero ou o que vou ganhar com isso?
    - Por que eu quero isso agora?
    - Como seria me dar uns dias antes de comprar? Seria tão difícil, mesmo?
    - O que está por trás disso?
    - Qual necessidade isso vai nutrir? Qual necessidade real está por trás desta compra?
    - Essa opção é a única ou a melhor estratégia?

- Esse gasto melhora a minha qualidade de vida por quanto tempo?
- O que meu dinheiro está financiando com esse gasto?
- Que impactos estou gerando no meio ambiente?
- Vale adiar a minha independência e liberdade para ter/fazer isso agora?
- Isso tornará minha vida verdadeiramente mais bela? Como?

Sempre é bom dar um passo para trás e olhar com presença para as nossas escolhas. Precisamos mais de consciência, presença e atenção do que de disciplina, controle e organização. Vale reforçar, sempre que puder, priorize as pessoas que são pequenas empreendedoras ou produtoras locais. Itens menos descartáveis e embalagens mais sustentáveis. Eventos consumistas como *Black Friday* são agressivos, e cabe a nós a consciência de não participar. Entender que não precisamos comprar e desarmar a vontade é mais fácil do que tentar controlá-la.

Agora vamos falar de outra data de consumo: o Natal. Será que Jesus comemoraria o Natal do jeito que a gente comemora? Como seria esse dia, se o aniversariante escolhesse? Ninguém precisa de mais gatilhos de consumo e você não será mais especial nem melhor pelas coisas que comprar com desconto. Melhor mesmo é não comprar. Contudo, você pode me fazer a seguinte pergunta: "Mas, Rubia, a vida já é um fardo. Uma comprinha ajuda, não?". Não, não ajuda. O que ajuda é usar esse dinheiro para fazer terapia. E o que melhora mesmo a vida é ter relações saudáveis. Consumismo só te deixa mais pobre mesmo, e nem atende o que você mais precisa. Saia da lojinha – seja ela física ou virtual – e vá se cuidar de verdade.

O que você tem lido ultimamente?
Assistiu a algo inspirador nos últimos dias?
Teve uma conversa boa com alguém?
Fez algum curso que te transformou?

No livro *A Psicologia Financeira, Morgan Housel comenta:*

Os Estados Unidos são o país mais rico da história. Mas há poucas evidências de que seus cidadãos sejam mais felizes hoje do que eram na década de 1950, quando a riqueza e a renda eram bem mais baixas, mesmo tirando a média e ajustando pela inflação.

Uma pesquisa realizada em 2019 pela Gallup com 150 mil pessoas de 140 países descobriu que cerca de 45% dos norte-americanos disseram ter sentido "muita preocupação" no dia anterior. A média global era de 39%. Cinquenta e cinco por cento deles disseram que sentiram "muito estresse" no dia anterior. No resto do mundo, 35% das pessoas disseram o mesmo. Parte disso se deve ao fato de que usamos nossa grande riqueza para comprar coisas maiores e melhores. No entanto, simultaneamente, abrimos mão de ter mais autonomia sobre o nosso tempo.

A nova casa norte-americana média tem hoje mais banheiros que moradores. Nossos carros são mais rápidos e eficientes, nossas TVs são mais baratas e oferecem melhor definição de imagem. No entanto, isso mal parece um progresso quando analisamos o que aconteceu ao nosso tempo.

Agora, pensem aqui comigo: se a maior compra material que a maioria de nós chegará a fazer na vida não traz benefícios comprovados para a felicidade, talvez devêssemos repensar nossas crenças e nossos comportamentos ao usar nosso dinheiro. Se temos nossas necessidades básicas atendidas, e a insatisfação ainda persiste por conta de não ter algo que ainda queiramos... ela nada tem a ver com dinheiro. Em exemplos simples podemos aprender muito, como a lição que aprendi com a Manu, sobrinha da Renata Janini, uma amiga:

— Tá feliz com a TV nova na sala, Manu?
— Eu já era feliz antes.

Ela tinha apenas 8 anos quando disse isso. As coisas mais valiosas não são coisas. O que é valioso para você e tem um custo zero? Procure cuidar mais disso.

Capítulo 7

MINIMALISMO: O CAMINHO PARA A VERDADEIRA ABUNDÂNCIA

Você já esteve em algum lugar simples, sem luxo, ou até passando por dificuldades durante uma viagem, mas com uma sensação de paz e plenitude? Já viveu aquele momento de olhar em volta e pensar "nossa, eu não preciso de mais nada aqui"? O minimalismo é desfrutar da mágica que a presença proporciona. A presença plena, sem vontade nenhuma de escapar ou fugir do agora. É um estilo/filosofia de vida que se baseia na redução do consumismo e dá lugar ao mínimo para tirar dele o máximo. Uma forma de consumir focada em desapego e consumo consciente, uma maneira de viver na qual se adota um estilo em que menos é mais, e qualidade importa mais que quantidade. Isso serve para a vida como um todo, seja para vestir, morar ou se relacionar, por exemplo. Antes de se tornar popular nos dias de hoje, o conceito de minimalismo era utilizado em movimentos artísticos, científicos e culturais do século XX (como o músico Phillip Glass em suas partituras, ou Ernest Hemingway, mestre da prosa minimalista, com frases curtas e foco em subtexto), e na atualidade é sinônimo de uma vida simples e enxuta.

Abundância e escassez

E por falar em abundância, um "sim" para abundância não é um "sim" para os excessos. Pelo contrário. É possível ter uma vida simples e abundante, ou uma vida cheia de coisas, porém escassa em muitos aspectos. Excessos te distraem do que mais importa: você.

Abundância não é a ideia de "muito" ou "exagero", muito menos de "acúmulo". Ela está no equilíbrio. É ocupar uma parte do seu espaço interno, sem espremer nada aí dentro, e deixar também espaço para o novo, o desconhecido. A nossa curiosidade precisa disso para existir e nos dar a sensação de estarmos vivendo, a sensação de movimento. Eis alguns exemplos:

**Abundância é ter tempo livre,
mas não a ponto de deixar de fazer
o que importa.**

**É ter dinheiro,
mas não a ponto de tornar a ambição maior
do que você.**

**É ter gratidão,
mas não a ponto de o tornar uma pessoa
conformista, passiva e submissa.**

**É ter reconhecimento,
mas não a ponto deixar de se desenvolver.**

É ter responsabilidade, mas não a ponto de o sobrecarregar com coisas que não são suas.

É ter autocompaixão, mas não a ponto de o tornar uma pessoa acomodada ou egoísta.

Excesso e abundância não são sinônimos. Pelo contrário. Todo excesso esconde uma falta. Equilíbrio é a meta, e é o que desejo a você. É possível ser uma pessoa econômica sem ser mesquinha. A pessoa econômica compreende o presente e acolhe o futuro. A mesquinha pune ambos. Você não precisa comprar taças de cristal; elas não vão te tornar uma pessoa melhor. Mas se já as tiver, desfrute delas. Em que momento nós passamos a usar copos de requeijão e guardar a melhor louça para as visitas? Que mensagem passamos ao nosso inconsciente e a quem amamos, sobre quem é mais importante que quem? Não que a nossa importância se resuma ao copo que temos ou usamos, pelo contrário. Inclusive essa reflexão nem é sobre copos, mas sobre o que você faz e como trata a si e a quem mais ama quando ninguém está vendo. E também sobre outras camadas muito mais profundas para além da sua bolha: você compra bolsa cara, mas pechincha o preço da sua diarista? Dá presentes para quem não precisa, mas nega gorjeta para motoristas e entregadores de aplicativo?

Se você se pega sempre sem grana, tente observar se o seu comportamento é de abundância ou de escassez. Não é a quantidade de dinheiro, mas a sua saúde financeira que traz paz. E uma pessoa em paz aumenta as chances de ter boa saúde financeira. As dinâmicas se retroalimentam. Eis alguns exemplos:

"Estou sem grana para terapia porque estourei o limite do cartão."

- Você está priorizando o externo em vez do interno.

"Gasto todo meu salário e nem sei como."

- Está desvalorizando o próprio esforço.

"Ah, mas eu compro roupas para me sentir bem."

- Vai continuar comprando e se frustrando, porque bem-estar é outra coisa.

"Ah, mas com um relógio melhor eu recebo mais respeito."

- Só em relações superficiais e baseadas em interesse.

"Mas ela me deu um presente caro, preciso retribuir."

- Sim, dando um abraço, agradecendo. Caro é seu tempo, ofereça sua presença.

"Mas eu AMO aquela marca, pago o que for no *look*."

- Já dizia Ariano Suassuna que "inteligência e fanatismo não moram na mesma casa".

"Mas era para a coleção."

- Meu pai tinha coleções. Ele morreu e doamos tudo. Porque o que temos de mais valioso dele está dentro da gente.

"Eu me perco nos gastos, não sei onde gastei."

- Porque está gastando com coisas que não são importantes ou não te nutrem de verdade.

Por tudo isso, se você não prioriza o interno, acaba por não se valorizar, condicionar o afeto e respeito aos bens materiais, se apegar a coisas, e por fim não se vê. Não importa o quanto receba, as chances de continuar sem grana são bem altas. E mais dinheiro não vai fazer com que se sinta melhor. Felicidade se define menos pelo que temos, e mais pelo que não precisamos ter.

O apego

Meu estilo de vida anterior, lotado de desejos inquestionáveis e muito justificáveis, ancorava-se nos fardos criados por mim mesma. Eu achava que sabia o que queria, mas não sabia por que queria tudo aquilo. Tendemos a nos apegar a coisas – empregos, relacionamentos, posses materiais – em uma tentativa de nos sentirmos seguros. Mas muitas das coisas às quais nos agarramos em busca de segurança acabam sugando a alegria da nossa vida, nos sobrecarregando e gerando a própria insegurança e insatisfação das quais fugimos.

O apego o afasta de você e do seu dinheiro. Em seu livro *Os Cinco Níveis do Apego*, Don Miguel Ruiz Jr. diz: "Quando acredito que algo deva ficar exatamente como está para que eu fique bem, então me apeguei e confundi essa coisa externa com quem eu sou". Ele menciona cinco níveis de apego, que vai desde o "Eu autêntico" – um ser vivo, independentemente do conhecimento, e separado dos demais apenas pelos pontos de percepção – até o "Fanático" – cujas crenças se tornam mais importantes que a própria vida, com muito apego e intolerância ao diferente (que é visto como uma ameaça). No fanatismo, prevalece autoritarismo e tirania. Domesticação total. Uma barreira ao amor.

Quanto maior o apego, menos conseguimos percebê-lo. Mais rígida, estagnada e opressiva se torna a vida e a própria forma de enxergá-la. Sem apegos, não precisamos ter algo para saber quem somos, nem precisamos de justificativas para nos aceitar. Se eu me julgo de acordo com as minhas crenças, então meu amor por mim é condicional. Gosto muito da frase do mesmo autor, que afirma: "A autocrítica reside onde a autoaceitação deseja estar".

Por isso, podemos nos perguntar: qual é o meu nível de apego com coisas e crenças? Muito da violência na nossa relação com o dinheiro vem de crenças que carregamos há gerações. Tanto na Comunicação Não Violenta como nas Finanças, o caminho se dá na desconstrução do que aprendemos. É até mais importante "desaprender" e quebrar padrões do que só acumular mais informação. Seguindo os padrões, podemos até entender sobre rotinas e fórmulas, mas não sobre nós mesmos. Como disse Albert Camus – jornalista, filósofo e escritor francês, vencedor do Prêmio Nobel de Literatura em 1957:

"Acredite, a coisa mais difícil de uma pessoa abandonar é exatamente aquilo que ela não deseja."

A paz mora junto do desapego. Quanto mais coisas você tenta segurar, mais coisas deixa cair. Quanto mais apegos, mais distrações. Você pode achar que a paz virá quando tiver mais, mas ela está mais perto do dia que você precisar de menos. Você pode já ter muito e ainda faltar muito para ter mais. Mas para você precisar de menos, não falta nada. E começa a sobrar para o seu futuro. Cuidar do nosso futuro pode trazer uma sensação de prazer já no presente.

Soltar alguns pratinhos de forma definitiva pode ser do que você mais precisa agora. Quantos pratos por dia você equilibra? Além de paz, amor, saúde, casa, sustento... ainda precisamos de autocuidado, vida social, lazer, descanso, e a lista continua, basta se lembrar do Capítulo 3, no qual falamos das necessidades humanas universais. Para dificultar um pouquinho mais, ainda podemos adicionar: regras, vícios, manias, apegos, paranoias etc.

Talvez você dependa de um salário. Mas gastando tudo que ganha hoje, não melhorará suas chances amanhã. Faça sua lista do que realmente importa e monte estratégias mais econômicas para atendê-las. Desapegue-se de fórmulas consumistas que não funcionam. Cuide do seu dinheiro, porque ele é uma parte importante que ajuda a cuidar de você. E se esse prato cair, muitos outros caem junto. Também é importante fazer a distinção entre desapego e descuido, como nesse exemplo: "Sou desapegada, gasto tudo mesmo". Isso não é desapego, é descuido. O desapego mora perto da curiosidade, movimento, abertura ao novo ou diferente. Em geral, uma mentalidade abundante. E isso nada tem a ver com torrar nossa grana. A paz anda de mãos dadas com o desapego e isso nada tem a ver com negligência e irresponsabilidade. Da mesma forma, apego não é cuidado. Ele mora perto da insegurança e, portanto, do controle, que fomenta a mesquinhez e a escassez. Desapego não é descuido. O desapego gera abundância, o descuido não.

Felicidade se define menos pelo que temos, e mais pelo que não precisamos ter.

Armário minimalista

Seu armário está cheio, mas, mesmo assim, você não se sente feliz com ele? Fica se apegando a objetos mesmo que não sirvam mais, nem sejam úteis? Ou acha que evoluiu nutrindo aquela ideia de "compro todo mês, mas sempre dou algo, assim não acumulo mais"? Isso é a nossa mente treinada que quer nos contar como somos conscientes, mas só estamos reagindo à nossa insatisfação crônica. Como? Descartando. Itens que duravam uma vida toda agora viram um lastro – irritante e inútil – do qual queremos nos livrar por estarmos sobrecarregados. O valor da novidade se tornou maior que o da permanência. Faça um exercício: repare no seu armário, e vai entender bastante sobre as suas relações. Será que existe uma ânsia por novidade que te faz descartar rápido? Ou insegurança e carência que te fazem acumular e se apegar até ao que não serve mais? Durante a vida, nos estimulam a não parar no tempo e continuar consumindo, seja para acumular ou descartar. Mas pense um pouquinho: os melhores dias da sua vida não foram exatamente aqueles em que você desejou que o tempo parasse? Aqueles que você estava presente e ponto. Talvez se sentisse amado ou útil a alguém, servindo sem esperar nada em troca (quem costuma fazer trabalho voluntário vai entender o que estou dizendo aqui). Um dia muito feliz pode ser o dia em que você não recebeu nada, mas serviu, contribuiu, colaborou, se doou e fez parte de algo maior.

A arte do desapego

A Teoria U é um método proposto por Otto Scharmer, no MIT (Massachusetts Institute of Technology), e explora a jornada da transformação pessoal e coletiva através da abertura para novas perspectivas. Isso significa abertura da mente, do coração e da vontade, e o exercício da curiosidade, empatia e coragem. Uma das etapas inclui o ato de "deixar ir", que envolve o desapego de velhos padrões de pensamento e comportamento que nos limitam. Trata-se de exercer na prática o desapego que mencionei anteriormente.

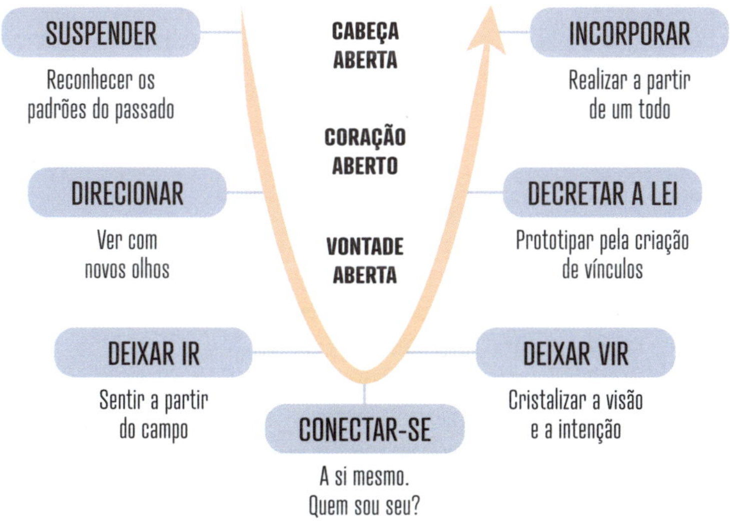

CAPÍTULO 7

Então, vamos começar pelas roupas, porque todo mundo aqui tem roupas no armário.

1. **Escolha todos os itens no seu armário que você considera ter suficiente:**
   - sapatos
   - blusas
   - calças
   - roupas íntimas
   - pijamas
   - bolsas
   - acessórios
   - etc.
2. **Tudo que tiver mais de dois itens parecidos, deve-se mandar o excedente para doação.** Acúmulo é só uma prova de que, mesmo tendo muito, nunca é suficiente. Se achar difícil, contrate uma pessoa para ajudar a otimizar o que você já tem no armário e montar a pilha de desapegos. Pode custar menos que um *look* completo e vai se pagar em pouco tempo.
3. **Agora você faz um acordo consigo:** três meses sem comprar roupa alguma. ZERO reais de gastos com isso. Um acordo de autocuidado e amor.
4. **Conte para alguém sobre esse acordo.** Talvez a pessoa até queira entrar nesse desafio também. Haverá dias em que vai ser mais difícil. Aí será o momento de chamar essa pessoa e contar o que você está buscando nessa compra: validação, pertencimento, reconhecimento, autoestima, atenção, afeto etc. Sempre que tiver vontade de quebrar o acordo, lembre-se de que o mundo, a vida e as pessoas tratam você do jeito que você se trata. Consumismo não é autocuidado. E então, lembre-se de começar a buscar do lado de dentro esse reconhecimento, o amor e o afeto que está

procurando do lado de fora. Pois só assim pode se tratar com o cuidado e o respeito que gostaria e espera receber.

Eis um bônus: parar de comprar roupa nos faz repensar todos os outros gastos. Essa dedicação começa por dentro, através do reconhecimento e do cuidado que tanto buscamos do lado de fora. Comprar, quando se torna um hábito tóxico, é muito prejudicial. Sabe aquela ideia de fazer uma faxina na casa para organizar as ideias? Então, há uma lógica e uma ciência nisso, porque a maior parte das informações sensoriais que recebemos chegam até nós através da visão. Ambientes visualmente carregados e entulhados sobrecarregam nosso córtex e nos estressam. Poluição e excesso de informação visual podem gerar confusão mental e estresse, mesmo que tudo pareça "organizado".

É por isso que essa imagem pode trazer uma sensação de harmonia e paz.

Enquanto essa pode trazer sensação de confusão e angústia.

CAPÍTULO 7

Repare que no armário lotado as roupas de cima estão bem dobradas, os cabides todos virados para o mesmo lado, sapatos embaixo. Tudo está em ordem e dobrado. Ou seja, não está bagunçado, "apenas" muito cheio, sem espaço, sem respiro. E isso sem contar que menos coisas demandam menos tempo escolhendo, menos tempo organizando e menos tempo limpando. Quero citar aqui uma outra curiosidade interessante: segundo uma pesquisa da Career Builder, 28% dos empregadores admitem que são menos propensos a promover pessoas cuja mesa seja desorganizada. Como está sua cabeça e os espaços que você ocupa diariamente? Esvaziar faz bem para a mente e para o bolso.

Tenho outra dica de exercício: lembra lá no comecinho deste livro, quando mencionei a Regra de Pareto, dos 80-20? Arrisco dizer que, provavelmente, em 80% do seu tempo você está com 20% das mesmas roupas que mais usa.

Isso acontece até comigo, que já tenho um armário bem enxuto. Reduzir seu armário a 20% do que ele é hoje significa dividir o número de peças por cinco. Ou seja, se você tem:

- **20 pares de sapatos, fique com apenas 4**
- **10 bolsas, escolha só 2**
- **5 *shorts*, escolha 1**
- **15 blusas, fique com 3**
- **40 acessórios, apenas 8 devem permanecer**

Depois disso, separe as escolhidas numa única parte do armário. Feche as outras portas. Passe uma fita, tranque, isole, sei lá... mas esconda! E viva por três meses só com as roupas que separou.

Não é a minha intenção dizer quantas peças de roupa uma pessoa deve ter. Mas é um exercício proporcional. Se você tem 300 peças, consegue sem grande esforço viver com 60. Se já tem só 100, consegue viver com 20.

Após esse período, abra a parte das roupas que estavam isoladas. Talvez nem se lembre do que estava lá. Pegue as roupas que você usou no último ano, mas não escolheu para passar os três meses. Tente colocar para doação. Se não conseguir, vista a roupa e se olhe no espelho: você se sentiu mais feliz e mais entusiasmado? Não é nostalgia, é alegria. Vontade de sair de casa, dar uma volta com a roupa? Se a sua resposta for sim, mantenha, mas use cada uma delas. Se não, doe. E se mesmo assim não conseguir doar, coloque numa mala fechada e esconda do seu campo de visão. Com o tempo, essa nova vida mais minimalista pode fazer tanto sentido que talvez você queira doar sem pensar duas vezes, daqui a um tempo. Para mim, um alerta de que é preciso se livrar de um objeto é quando você olha e pensa "vou guardar só para garantir, pois vai que...".

Talvez você não consiga fazer uma faxina no seu armário hoje, mas eu te convido a começar já pela sua bolsa ou por uma gaveta. Em vez de comemorar no *shopping* com um sapato novo, desafie outra pessoa a fazer o mesmo.

Eu gosto de me arrumar, mas não me sinto obrigada a nada. Não quero que as minhas roupas sejam uma condição para haver afeto por mim. Quero, num mesmo lugar, poder me sentir confortável usando um chinelo ou salto alto. Para isso, passei a dizer muitos nãos para alguns lugares, ambientes e pessoas. Eu troco roupas com amigas, empresto e peço emprestado sem vergonha ou apego nenhum. Amor condicionado a coisas materiais não me interessa. Esse tipo de comportamento também faz parte do minimalismo.

Viagens minimalistas

Sempre amei viajar, mas odiava fazer a mala. Eu trabalhava muito e vivia cansada. Tão cansada que encontrava problemas, desculpas e obstáculos até para as coisas que eu mais gosto de fazer. Já ouviu falar da teoria de que, para criar algum hábito, precisamos eliminar ao máximo nossas barreiras? Por exemplo, colocar o celular longe do nosso alcance quando precisamos de foco, assim evitamos distrações. Ou já deixar a roupa de academia pronta se queremos acordar e ir treinar sem dificultar muito, para reduzir as chances de desistir.

Eu diria que a filosofia/estilo de vida do minimalismo é justamente eliminar várias barreiras da vida. E eu nem preciso estar em estado de exaustão para fazer isso. Ter menos coisas significa ter menos para organizar e, portanto, precisar de menos tempo e energia para isso. Então, a chance de você naturalmente dar conta de manter tudo limpo e organizado é enorme. Facilita muito o dia a dia. Descomplicar as coisas que a gente tem que fazer abre espaço para as coisas que a gente quer e precisa fazer para nutrir e fazer pulsar vida dentro da gente. Vou usar o exemplo da mala, pois eu sempre viajei muito e isso era uma coisa que me desanimava só de pensar.

Lembra daquele episódio da mala roubada, quando eu disse para mim mesma que nunca mais encheria um armário ou uma mala?

Então, uma vez fui fazer um mochilão com o meu irmão e passei os cinco meses, dos 38°C aos -5°C , com uma mala de mão. Tenho repetido a experiência porque amei a ideia de não gastar tempo "pensando em *looks*" para fazer a mala, nem durante a viagem. Também é ótimo carregar menos peso! Pois a quantidade pesa no âmbito físico, energético, emocional e financeiro. Meu armário foi se tornando cada vez mais minimalista, e hoje praticamente tudo se combina, apesar de eu continuar usando, em 80% do tempo, os mesmos 20% das peças e repetindo muita roupa. Quanto a fazer mala... só mala de mão e pronto! O tempo que eu gastava com isso passou a sobrar. A energia que eu gastava com isso passou a sobrar. O dinheiro que eu gastava com isso passou a sobrar. Quando eu falo que minimalismo é abundância, essa é a ideia.

E se eu disser que agora faço uma mala de viagem em dez minutos? Não importa quantos dias eu fique fora. E que levo outros dez – máximo 15 – minutos para me trocar e me maquiar? (O banho depende se vou lavar o cabelo ou não, *risos*.) Fazer isso sem me importar com o que pensam foi um processo, mas eu garanto que pouquíssima gente repara, e não são essas as pessoas que importam de verdade. A pessoa que está reparando na sua roupa provavelmente não é a que vai perceber quando você estiver mal, ou a que vai estar do seu lado quando você precisar.

Inclusive, eu recebo muitos comentários de admiração e inspiração das pessoas em relação a esse movimento minimalista, e muito mais elogios agora. Eles são muito mais sinceros, inclusive. Eu de fato me sinto melhor hoje: mais bonita, mais feliz, mais realizada e mais amada. É uma situação muito mais confortável. Me sinto mais tranquila (em linguagem informal: é outra *vibe)*. Quantas vezes eu paro para refletir e penso: "Quem dera tivessem me roubado uma mala antes!". Mas também entendo que antes, ou com outras pessoas e em outro momento, talvez eu não estivesse tão preparada, e não me sentiria segura usando as mesmas três blusas por duas semanas. Talvez eu estragasse uma viagem e perdesse metade dela dentro de lojas (como fiz na Califórnia na época de faculdade, mesmo sem ter sido roubada).

Bem, então voltemos para a mala. Vou deixar um exemplo prático de *check list* para você que está lendo este livro. O que considerar desnecessário, é só pular.

Kit manicure:

- 1 lixa de unha
- 1 esmalte (básico para não enjoar e claro para facilitar a limpeza)
- 1 base
- 1 alicate (já viajei o mundo e passa como bagagem de mão)
- 1 palito de madeira para limpar o esmalte
- 1 palito de empurrar cutícula
- Algodão (pouco, pois com esmalte claro ou só base dá para fazer milagre: já usei até papel higiênico para tirar)

Não levo removedor de esmalte pelo tamanho, e não custa caro. Eu pego emprestado ou compro mesmo. Até porque se um frasco de viagem vazar, o estrago pode ser grande, pois mancha. E fede, muito.

Maquiagem:

- Pincel de *blush* (para sombra, uso os dedos)
- Paleta de três cores que uso de contorno, *blush* e sombra: marrom, rosado e iluminador
- Hidratante labial com cor
- Protetor solar com cor
- Lápis preto ou marrom
- Máscara de cílios

Higiene pessoal:

- Creme dental / escova de dentes / fio dental / raspador de língua
- Escova de cabelo dobrável
- Xampu (encho um frasco de 100 ml próprio para viagem)
- Creme *leave-in*, que também uso como condicionador (encho um frasco de 100 ml para viagem)
- Sabonete de rosto (encho um frasco de 100 ml próprio para viagem)
- Sabonete em barra para o corpo
- Desodorante de 100 ml
- Óleo corporal
- *Gillette* e pinça
- 1 *spray* de vitamina para o rosto (esse é meu *skincare* diário)
- 1 óleo essencial de 10 ml (é meu perfume)

Isso tudo já fica num estojinho de viagem sempre. Nem tiro, mesmo quando estou em casa.

Farmacinha: tudo sem caixas e em pequena quantidade (para emergências, mesmo):

- Remédio de uso contínuo (no meu caso, o da tireoide)
- Antialérgico
- Remédio para sinusite (sofro com ar condicionado em ônibus ou avião)
- Remédio para azia, queimação e refluxo
- Analgésico
- O que mais achar necessário

Mochila:

- *Nécessaire* com os *kits* (manicure, maquiagem, higiene e farmácia)
- Mochilinha tipo saco dobrável ou bolsa a tiracolo para passeios
- Pau de *selfie* (deixei na lista para quem gosta, mas eu o abandonei há algum tempo)
- Carregador portátil (*power bank*)
- *Laptop*
- Carregador do *laptop*
- Carregador do celular
- *Kindle* ou livro
- Cachecol
- Lanchinhos

Bolsa:

- Álcool em gel
- Óculos de sol
- Óculos de grau

- Caneta
- Presilha de cabelo
- Documentos / passaporte
- Dinheiro e cartões
- Telefone celular
- Fones de ouvido
- Hidratante para as mãos
- Band-Aid

Mala de mão: Para as roupas, vai depender da estação do ano, mas nos meus cinco meses eu podia esperar qualquer coisa, então coloquei:

- 1 biquíni preto, para não ter risco de manchar (lavava no chuveiro e já colocava para secar)
- 1 canga
- 1 toalha de esporte (aquelas finas e pequenas)
- 2 *leggings*, sendo uma térmica
- 3 regatas finas, leves e soltinhas, tipo de academia; dá para usar em passeios, tranquilamente
- 1 vestido curto básico preto (para sair de dia e de noite)
- 1 vestido básico longo
- 2 saias longas
- 2 blusas mais justas: uma de manga curta e outra de manga longa
- 2 regatas com bojo interno (uma descoberta para o conforto feminino!)
- 1 calça *jeans*
- 1 calça larguinha, leve e confortável
- 1 jaqueta *jeans*

- 1 *short*-saia estilo tenista (confortável e mais arrumadinho do que short de corrida para passear)
- 1 camisa de botão básica (que vai com o biquíni, com calça e *short*)
- 1 rasteirinha
- 1 chinelo
- 2 malhas quentes (sendo uma fina, porém térmica)
- 1 casaco leve e impermeável para chuva
- Roupa íntima e meias (poucas, lavo no chuveiro)
- 1 peça leve para dormir (quando lavava, dormia com alguma blusa regata)
- 1 lenço que uso no pescoço ou na cabeça.

No corpo, vai o casaco mais pesado (e único) e o tênis no pé. Às vezes, ainda amarro alguma malha na cintura, e vou vestida com uma das calças também. E se não sobrar espaço para comprar nada, melhor ainda! É uma ótima oportunidade para focar na experiência e uma excelente desculpa para não "ter que" trazer lembrancinhas.

Orçamento de viagem e outros fatores importantes:

Tentar economizar em tudo pode estragar a sua experiência durante a viagem. E estourar seu limite estraga o depois. Então, a pergunta é: quanto posso gastar no total e quantos dias tenho? Exemplo:

R$ 3 mil para uma viagem de dez dias = R$ 300/dia

Mas, de saída, já tem gastos de transporte e hospedagem, que podem ser maiores ou menores. Aqui é só um exemplo:

500 reais de passagens (ou gasolina + pedágios) + R$ 1.000 de hospedagem

Então sobram **R$ 1.500** para dez dias, que são **150/dia.**

Faço assim porque é mais fácil saber quanto gastei hoje do que no acumulado de vários dias. Esse dinheiro é para gastar. Você pode um dia comer em um lugar mais sofisticado, em outro fazer um passeio, depois pode almoçar num lugar mais popular para sobrar para uma cervejinha na praia mais tarde. Mas se separou uma determinada quantia, gaste. Porque a ideia de "economizar o máximo que der" não funciona, e demanda muita energia.

Quando eu sei que tenho 150 reais/dia e sei que gastei 80 hoje, amanhã tenho 150 +80! Ou se gastei 200 reais hoje, amanhã terei 100 reais em vez de 150.

Sem uma referência, é difícil saber quanto é razoável, e é muito fácil se perder e entrar no fluxo comum de pensar "estou de férias, depois penso nisso". Mas sabe qual é o problema? A conta chega e a ressaca financeira também. Então faça as contas para não ter que pensar nisso durante a viagem. Eu tenho vivido quase como nômade, e isso me salva. Meus gastos são muito variáveis, e ter um orçamento diário facilita muito a vida, porque eu não vou lembrar exatamente tudo o que fiz semana passada (principalmente quando estou no modo férias), mas sei meu saldo do dia, porque virou um exercício mental diário, muito simples, rápido e que economiza estresse e preocupação mais tarde. E isso não acaba aqui!

Numa viagem, o orçamento é só o primeiro passo. Existem outros fatores muito importantes:

- Se for viajar com mais gente e não couber no seu orçamento, deixe isso claro. Se forem pessoas próximas, construa acordos: "Meu orçamento cobre 'X' por dia. Se você quiser algo mais sofisticado, toparia cobrir a diferença? Ou topa flexibilizar alguns gastos e economizar comigo?".
- Caso sejam pessoas com quem você não se sinta confortável em mostrar sua sinceridade, repense se vale a pena vestir essa máscara. Saiba qual necessidade está mais latente em você:
  - É uma viagem com amigos para celebração, diversão e pertencimento?
  - De casal, para intimidade, privacidade, carinho, novidade e inspiração?
  - De família, para afeto, amor, alegria e comunhão?
  - Ou individual, para reconexão consigo e cuidado físico/mental/espiritual/emocional?

Se for uma viagem para relaxar, mas isso custar um endividamento, talvez não seja a estratégia mais inteligente para "desestressar". E se o que você mais precisa agora é de descanso, conforto e espaço (ou conexão e acolhimento, por exemplo), pense bem em que tipo de viagem você quer investir, e com quem.

Ninguém "precisa" viajar. Isso é só uma das estratégias possíveis para atender a alguma necessidade dentro de você. Sem saber o que você precisa de verdade, viagem nenhuma vai te conecar consigo mesmo ou com alguém. No máximo vai deixar como ônus algumas parcelas de cartão de crédito para pagar e uma sensação de "que bom voltar para a minha casa".

Se viajar com a intenção de ter mais conexão e carinho com alguém e isso não acontecer, você pode ter gastado fortunas nas Ilhas Maldivas, e mesmo assim sentirá frustração. Então é legal dedicar um tempo para o orçamento de viagem. Mas antes, ainda, a reflexão é:

Será que preciso mesmo de uma viagem? Ou "dessa" viagem com "essas" pessoas?

Eu desejo a você mais gente que te ajude a gastar menos. A economizar coisas e acumular boas memórias. A reduzir na aparência para acumular na essência. Não precisa ser caro para ter valor. Eu parei de buscar a zona de conforto e aprendi a gostar da vida no "conforto da zona" (caótica, que muitas vezes é). O estilo de vida minimalista é para ser utilizado além dos bens materiais, inclusive melhorando sua comunicação. Quando dou um prazo para resposta e atraso, eu peço desculpas, sim. Mas você já se pegou pedindo desculpas e se justificando sem necessidade nenhuma? Minimalismo é também se perguntar sempre:

- **Preciso disso?**
- **Preciso desse jeito?**
- **Dá para reduzir ou simplificar?**

CAPÍTULO 7

E isso vale não só para coisas materiais, mas também para hábitos, crenças, atividades, relações, apegos. O minimalismo é um conceito que transcende a esfera material e se estende para as áreas mais profundas da vida. Embora seja frequentemente associado à redução de posses materiais e simplificação do ambiente físico, o minimalismo é, na verdade, uma filosofia de vida que busca simplificar e focar em aspectos essenciais, promovendo uma vida mais significativa e equilibrada.

Isso significa cultivar relacionamentos que sejam autênticos, significativos e que tragam valor mútuo. Uma troca justa e saudável. Isso pode envolver deixar de lado relações tóxicas e focar em conexões que realmente contribuam para o crescimento pessoal e bem-estar. Priorizar a qualidade em vez da quantidade em todas as áreas da vida pode resultar em uma vida mais rica e satisfatória. Significa também avaliar como gastamos nosso tempo e energia, eliminando o excesso de compromissos e atividades que não acrescentam valor à nossa vida. Dizer "não" sempre que necessário. Reduzir o ruído e o caos da agenda e criar espaço para contemplação, criatividade e autoconhecimento. Isso não significa liberar tempo e gastar nas telas. Inclusive a filosofia minimalista prevê um *detox* digital: a constante conexão e o excesso de informações podem ser esmagadores e extremamente estressantes para a mente e para as emoções. O minimalismo digital envolve se desligar das distrações, simplificar a vida *on-line*, cultivar um ambiente virtual mais saudável e ser mais consciente sobre como utilizamos a tecnologia.

No plano emocional, o minimalismo pode ajudar a cultivar a serenidade. Isso significa liberar-se de preocupações inúteis, como a busca por perfeição ou a fixação em problemas insignificantes. Ao simplificarmos a mente e focarmos no presente, podemos encontrar mais tranquilidade e bem-estar. Além disso, a prática minimalista promove a gratidão. Ao apreciarmos o que temos e reduzirmos o desejo incessante por mais coisas e conquistas, podemos cultivar uma atitude de contentamento. Isso não significa abandonar a ambição ou ter uma postura comodista, passiva ou conformista, mas encontrar um equilíbrio entre a busca por crescimento pessoal e a satisfação com o momento presente. Deixar espaço para o que importa e não para a alienação digital e consumista de hoje.

Trata-se, também, de questionar se precisamos, de fato, de certos hábitos, avaliar constantemente se nossos compromissos, *hobbies* e tarefas estão alinhados com nossos valores, se estão nos ajudando a crescer e a prosperar, ou se estão nos prendendo em uma rotina exaustiva e monótona.

Minimalismo é não ser tudo para todos, mas ser algo significativo para alguém importante. É não estar em todos os lugares, mas ter presença quando escolher ir. É não fazer tudo, mas fazer o melhor daquilo que se propõe. Faça uma análise dos itens a seguir e responda a si mesmo:

- Quantas assinaturas você paga e não usa? Ou academia?
- Quantas roupas você guarda e não usa?
- Quantos livros estão em prateleiras, intocados há anos, que você poderia dar de presente a alguém?
- Quantas relações você mantém que não agregam à sua vida?
- Quantas pessoas você segue nas redes sociais que despertam mais comparação do que inspiração?
- Quantas atividades não agregam nada à sua rotina e só te cansam?
- Quanto tempo gasta com atividades que não somam nada aos seus dias? Aqui não estamos falando de produtividade, porque fazer nada é de extrema importância.

- Quanto tempo as redes sociais roubam do seu dia? Você sabia que alguns celulares têm a opção de saber quanto tempo você passa em aplicativos de rede social? Há também a opção de emitir um alerta ou uma notificação se você ultrapassar o tempo desejado por dia em cada aplicativo.
- Quanto da sua renda você gasta e nem lembra como?

Tudo isso são apenas EXCESSOS!

Eu antes:

Eu agora

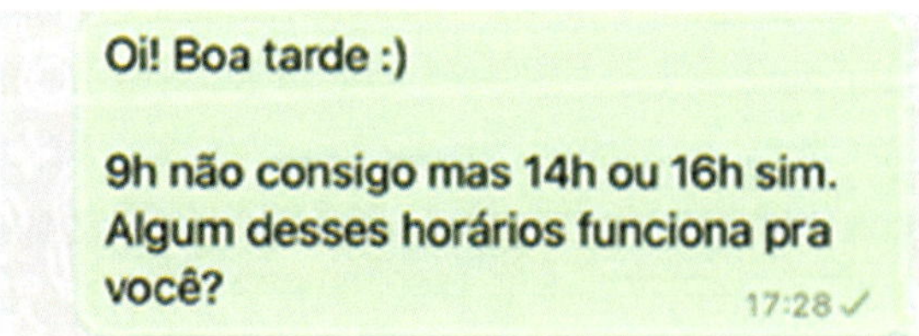

Entendendo as prioridades, precisamos saber que não vamos dar conta de tudo sempre, então entenda o que entra na sua fila, o que sai e o que se mantém. Escolhas com maior presença e consciência são mais saudáveis, inteligentes e econômicas. A gente equilibra vários pratinhos que são, na verdade, bandejas. Cada bandeja tem vários pratinhos mais ou menos assim:

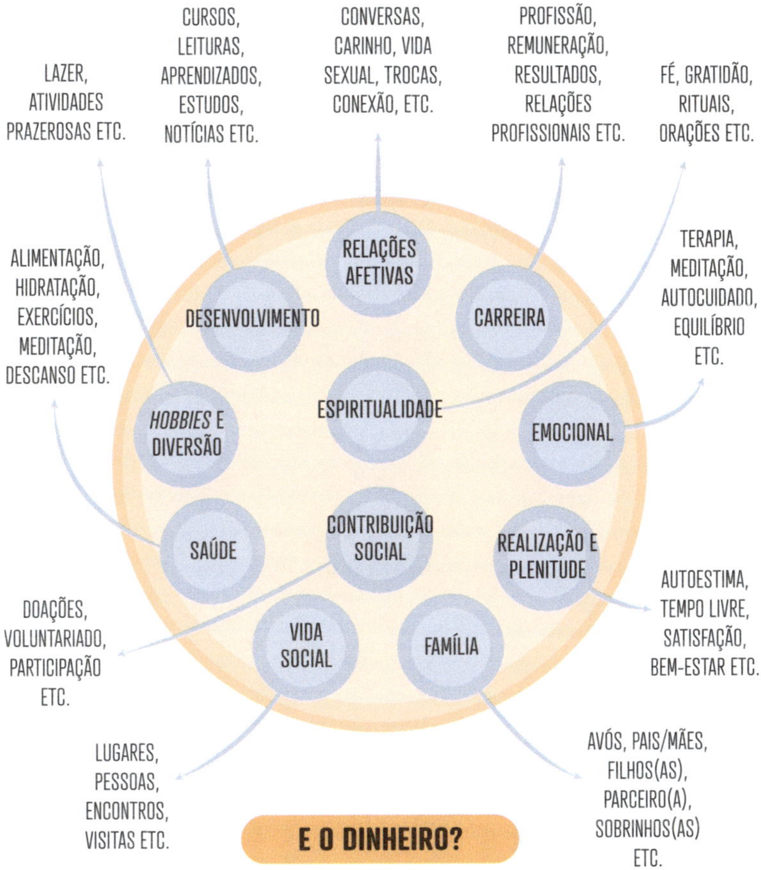

CAPÍTULO 7

Há várias estratégias possíveis para cuidar de cada pratinho. Elas podem demandar mais dinheiro, menos dinheiro, ou **Zero reais.**

1. **Comece entendendo quais "bandejas" estão precisando de atenção. Elas não necessariamente precisam estar cheias ou organizadas. Precisam de atenção aquelas que causam algum incômodo, só de olhar.**
2. **Agora entenda o que demanda dinheiro para ser cuidado (e avalie se existem outras estratégias mais em conta, ou sem custo).**

Sua "bandeja" do dinheiro vai ficar mais ou menos assim:

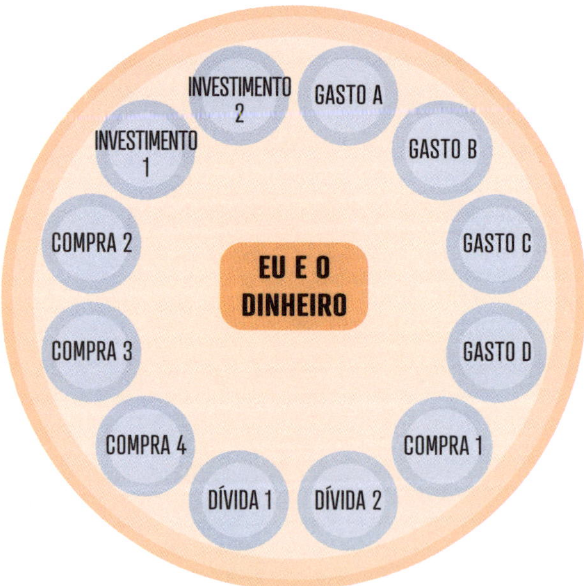

O problema é que quando tem muita coisa próxima ao nosso entorno, fica difícil canalizar energia e manter o foco. Pense em você, no meio dessa roda, com tudo isso em volta. Minha sugestão é FAZER ISTO:

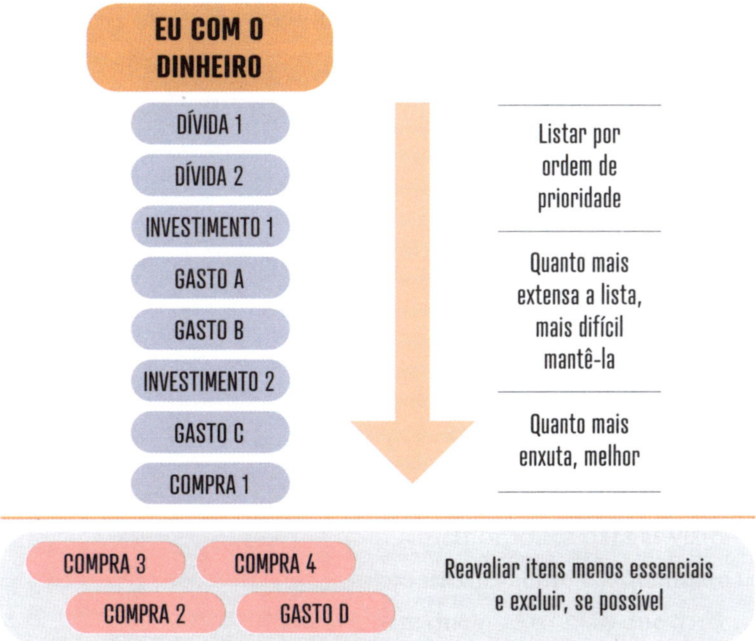

Então será possível cuidar de menos coisas por vez, por ordem de prioridade. E por falar em prioridades, se nessa lista estiver "ter mais dinheiro", eu pergunto:

- **O que é dinheiro para você?**
- **Como ele torna sua vida melhor?**
- **O que falta para a sua vida ser melhor? Em termos de necessidades humanas universais, não de estratégias.**

Se essa resposta não estiver muito clara, pode ser que você ganhe mais dinheiro e isso não gere nenhum impacto no seu bem-estar. Se a resposta for mais de algo que você já tem, ou algo "maior" ou "melhor", repense isso. Você já tem sua independência financeira? Ela pode representar sua paz, liberdade, estabilidade, segurança, autonomia, autoestima... Ela pode tornar sua vida muito melhor, de fato. Se você listasse tudo o que quer, em qual posição apareceria a independência financeira? Prioridade não é o que a gente quer, é o que a gente faz. Intenção não basta. Falamos sobre valores elevados, mas nossos valores reais aparecem no modo como agimos todos os dias. O importante é onde e como você gasta seu tempo e sua energia.

O que alguém que o conhece diria que é importante para você, baseado em como você age no dia a dia?

Isso vale para tudo, não só para as finanças. Pegue tudo o que o "cerca", que tira seu foco e drena sua energia (saúde, dinheiro, tempo etc.) e monte uma "fila". Talvez o que o incomode seja a falta de nitidez, sentir-se perdido no mundo de tarefas e desejos. Essa é a minha sugestão de como cuidar das prioridades para reduzir as privações: entender que tranquilidade tem mais a ver com compreensão e consciência do que com controle. Por um lado, você pode ser uma pessoa muito ocupada e ainda ter paz de espírito. Por outro lado, pode não ter nada para fazer e estar exaustivamente pisando no acelerador mental.

Menos é mais; é paz:

- Conforto emocional: além da delícia que é o exercício de revisitar objetos, entender seus significados e se desapegar deles, liberá-los é liberar as emoções que eles carregam e abrir espaço para o novo.
- Lucidez: ter nitidez e leveza no seu ambiente impacta positivamente o bem-estar mental e emocional.
- A ordem física pode ajudar muito na lucidez e na ordem mental e emocional.
- Empoderamento pela sensação de controle (já que há pouquíssimas coisas que podemos, de fato, controlar).
- Foco no presente: desapegar-se de objetos que não servem mais ajuda a trazer consciência sobre quem você é hoje, e isso auxilia no desapego de padrões comportamentais que também não servem mais.
- Redescoberta de valores essenciais: fazer uma faxina no armário permite que as pessoas reavaliem seus valores e suas prioridades. À medida que se desfazem de itens desnecessários, podem concentrar sua atenção no que é mais importante para elas.
- Relaxamento: um armário organizado e espaçoso pode criar um ambiente mais tranquilo e relaxante ao seu redor. Isso pode ter um efeito positivo no humor e na redução do estresse, propiciando mais calma e equilíbrio.
- Conforto físico: menos esforço para visualizar as possibilidades e manter tudo no lugar.

Hoje passo menos tempo escolhendo roupa, tenho menos indecisão e confusão sobre o que vestir e gasto menos energia nesse processo todo. Faço tudo em dez minutos e nunca mais esqueci nada. Não carrego peso: nem material, mental ou emocional (eu também aprendi a colocar as emoções para fora de várias formas e não acumulá-las dentro de mim). O armário é só o começo... depois fica fácil aplicar isso nas relações, nas atividades, nos gastos. Vai sobrando apenas o mais importante: os 20% mais importantes que representam os 80% da nossa felicidade.

O minimalismo mora mais perto da abundância do que da escassez. **Menos é paz. As imagens a seguir falam por si só.**

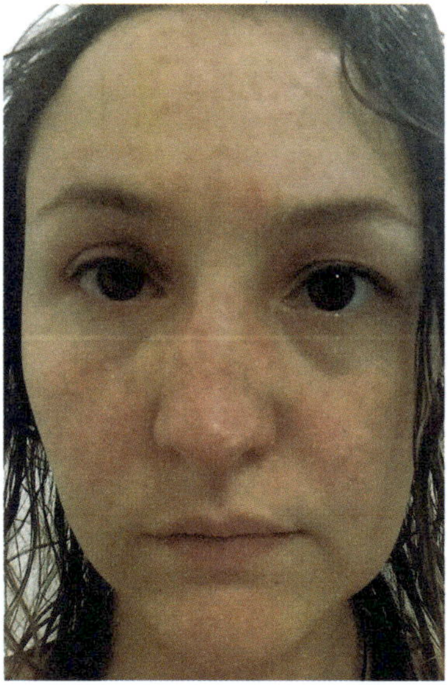

Eu à esquerda, quando tinha muito e fazia muito, tudo muito... mas faltava muita coisa, a começar pela paz; e depois à direita, com muito "menos".

O minimalismo para além do material: presentes e doações

Em datas especiais, meu pai sempre dizia: "Eu não quero nada de presente. Não comprem nada. Se vierem me visitar, eu já fico feliz pra caramba!". Eu sempre achei que ele falava isso para agradar, ou para não incomodar. Só depois que ele faleceu entendi que ele dizia aquilo com toda a verdade que existia dentro dele.

Acredito que, em geral, as pessoas queiram mais presença do que presentes. O que pode levar alguém a querer presentes é a compensação pela ausência daquela pessoa. Por exemplo, a minha mãe trabalhava muito e era o pilar financeiro mais importante em casa. Precisou cursar faculdade enquanto cuidava de dois filhos pequenos – e já divorciada – para manter o emprego. Ela saía cedo para o trabalho e voltava tarde da faculdade. Estudava aos fins de semana ou simplesmente precisava fugir de todo mundo para aguentar a pressão. A gente mal se via. E a forma como ela compensava isso era com coisas. Um chocolate vez ou outra, um presente melhor no Natal (quando ela recebia o décimo terceiro). Uma vez eu disse: "Você trabalha muito e não me dá atenção!". E a resposta dela foi: "Então eu vou largar o trabalho e a gente vai viver de amor embaixo da ponte, é isso que você quer?". Mas batia o remorso e ela fazia o possível para remediar com o que ela tinha – e não era tempo nem energia – algum dinheirinho, às vezes.

Em 1998, quando o dólar chegou a custar 1 real, ela me deu uma viagem para a Disney. Eu tinha 13 anos e fui sozinha, numa excursão de adolescentes, porque ela não podia pagar para a família toda. Naquela época, não existia WhatsApp ou redes sociais, e a comunicação era numa salinha do hotel cheia de "orelhões" (jovens, esse era o nome que dávamos aos telefones públicos, por conta do seu formato de cabine). Num dos dias, eu não estava conseguindo usar o cartão para fazer a ligação e pedi a ajuda da guia. De fato, o cartão estava com problema, ninguém na recepção conseguiu resolver, tampouco. Então liguei a cobrar. Ela ficou furiosa, já que tinha pagado os créditos para que eu usasse, mal ouviu o que eu disse e falou para eu me virar, dar um jeito, e me proibiu de ligar a cobrar de novo. Desligou rápido (imagino que uma chamada internacional a cobrar custasse bem caro). Como eu não consegui resolver, simplesmente passei o resto da viagem sem me comunicar e cheguei desesperada ao aeroporto achando que ninguém estaria lá me esperando.

Conclusão: passei doze dias em excursão com um grupo de pessoas que eu nunca tinha visto, com quem não tinha intimidade alguma e sem compartilhar nada com quem estava no Brasil. Eu era muito tímida, muito mesmo. Sofri sozinha, até porque estava sentindo vergonha e jamais contaria que minha mãe havia desligado o telefone na minha cara e que eu não falava com ninguém da família havia dez dias. Todos os dias quando a gente chegava dos passeios, fazíamos fila para ligar para os familiares. E eu, que não conseguia ligar com o cartão, engolia o choro e fingia que estava falando, só para ninguém desconfiar que eu não tinha para quem ligar. Hoje eu entendo que realmente não tinha espaço para gasto extra além do que ela havia planejado.

Ah! E quem me buscou no aeroporto? Ela sabia as informações do voo e se organizou com o meu pai, que foi me buscar.

No final das contas, eu sabia que minha mãe não me abandonaria, mas ela, que com a minha idade (13 anos) já trabalhava, sabia que eu ficaria bem. E eu, de fato fiquei, estava realizando um sonho! A parte realmente triste era não ter com quem dividir essa minha felicidade, não ter para quem contar do meu dia. E eu trouxe a lembrança dessa história porque ela é a prova para mim de que você pode estar realizando um baita sonho, ou viajando para um lugar paradisíaco, num hotel muito luxuoso, e mesmo se tiver a companhia de alguém pode se sentir só, e uma parte sua vai ficar triste, vai dizer que falta algo. Da mesma forma, já viajei sozinha muitas vezes, para lugares muito distantes, mas não senti solidão. É importante olhar para a nossa carência ou sentimento de solidão, pois eles dizem muito sobre a companhia das pessoas que nos rodeiam e dizem muito sobre a nossa própria companhia. Se estar consigo mesmo é tão insuportável, dificilmente estar com outras pessoas será tão agradável assim. A solidão grita no momento seguinte ao evento, ao jantar, ao passeio e à viagem. Porque, na verdade, ela nunca foi embora, só foi silenciada por barulhos externos.

Quero só voltar à história da minha mãe porque você pode estar pensando que ela foi horrível e insensível. Mas eu só acho que ela usou o que sabia na época para criar uma filha forte e independente. Ela vivia exausta e fez o que pôde, que já era muito. Nessa mesma época, a Vanda, que trabalhava em casa e ajudava em tudo, me disse: "Vou dar umas calcinhas de Natal pra sua mãe porque as dela estão piores que as minhas, que sou a empregada: todas velhas, rasgadas, sem elástico... tadinha". Eu nunca me esqueci disso. Ela deixou de fazer muito por ela para fazer por nós. Pagou viagem que ela nunca tinha feito, escola particular em que nunca tinha estudado. Curso de inglês que nunca tinha conseguido. E tudo isso custou muito tempo e energia. Eu só cheguei aqui hoje graças a ela, a quem devo tudo o que sou, e quem me ensinou que dinheiro importa, sim, mas que a gente também precisa de várias outras coisas, não importa o quanto a gente tenha.

Algumas pessoas com mais experiência já entenderam as coisas mais valiosas da vida. E por acharem que o tempo de vida está se esgotando, tendem a valorizar mais o estar junto, a troca. Hoje eu consigo viver esse tempo de qualidade com a minha mãe, que está aposentada, mas ainda cheia de saúde e vontade de viver. Hoje a gente consegue se ver como duas mulheres fortes e com os seus caminhos, mas que se amam incondicionalmente e entenderam que, na verdade, é o amor que nos faz mais fortes. Meu pai, meus avós e meu padrasto já partiram. E existem muitos pais que nunca se fizeram presentes.

Hoje sou eu a pessoa que vive viajando e não consegue estar tão presente. Mas tirei de mim o peso de compensar isso com presentes. Sei que algumas amizades não resistem a tantas idas e vindas, a distância e à ausência física, inclusive em datas especiais. Faz parte. Mas o curioso disso é que sinto menos solidão hoje do que quando eu comemorava meu aniversário e reunia mais de setenta, às vezes cem pessoas. Quem importa, fica. Quem te ama de verdade, te quer bem e livre.

Na atualidade, é a minha mãe que chora quando eu parto para ficar meses fora, e eu choro depois, escondida. Na verdade, acho que sempre foi assim, só invertemos agora quem chora escondida.

**E, mãe, sei que você vai ler isso, desculpa por contar a história das calcinhas, eu não quis te expor ou envergonhar, só contar o orgulho que sinto de você.
Eu te amo.**

No **minimalismo**, o presente conta menos que a presença. Até quando estamos em abundância financeira, usamos dinheiro para mais experiências e menos coisas: para produzir menos lixo e mais memórias. Presentes que envolvem experiências podem ser muito significativos e memoráveis, e muitas vezes não precisam ser caros. Eis algumas ideias:

- Café da manhã na cama: não precisa ser nada muito especial - só a surpresa, com um bilhetinho junto, já é maravilhosa.
- Noite de cinema em casa com o filme favorito da pessoa presenteada: preparar pipoca, lanches e bebidas, levar um colchão para a sala, acender umas velas, desligar o celular.
- Piquenique: fora de casa ou dentro mesmo, no tapete da sala ou quintal, se tiver. Se for com mais pessoas, convide cada uma delas a trazer seu lanchinho favorito para dividir.
- Cupons personalizados: crie cupons personalizados que ofereçam serviços ou favores, como uma noite de cozinhar o prato favorito, uma massagem relaxante, um dia de folga das tarefas domésticas etc.
- Aula: pague uma aula de culinária, cerâmica, fotografia, pintura, dança, yoga ou outra atividade que a pessoa tenha interesse em aprender.
- Passeio fotográfico: explore a cidade ou a natureza com uma câmera para capturar momentos especiais juntos.

- Visita a museus ou exposições: muitos museus e galerias de arte oferecem dias de entrada gratuita e pode ser um presente levar alguém que se interesse por arte.
- Livros: pode ser uma assinatura de livros, ou a participação em algum clube de leitura, ou simplesmente dar um livro que você leu, está parado em casa e acha que a pessoa poderia gostar.
- Uma planta ou muda que você tenha em casa (se a pessoa gostar e puder cuidar. Eu, por exemplo, não sou essa pessoa).
- Recadinhos no espelho do banheiro.
- Bilhetes na mochila de trabalho, bolsa ou carteira da pessoa.
- Carta ou cartão escrito à mão.
- Uma *playlist*: montar uma lista de músicas de momentos juntos ou de músicas que te fazem lembrar da pessoa.
- Aventura ao ar livre: planeje uma caminhada ou um passeio de bicicleta em algum parque diferente.
- Noite de jogos ou cartas com amigos ou familiares.
- Noite de *chefs* para cozinharem juntos algo diferente.
- Sessão de *spa* fora ou em casa mesmo, com máscaras faciais, massagens, velas, óleo essencial e música relaxante.
- Visita-surpresa (mas leve algo para comer e não deixar a pessoa preocupada por não ter nada para servir [risos]).

O valor de presentes baseados em experiências está na consideração e no esforço dedicados para criar momentos especiais e significativos. Eles demonstram carinho e atenção, independentemente do preço que você paga. Quando é espontâneo e com vontade genuína, faz bem para quem dá e para quem recebe. Por isso aboli em todas as relações a obrigação de dar presentes em datas especiais (leia-se as comerciais ligadas à indústria do consumo: Dia dos Namorados, Dia das Crianças, Dia das Mães, Dia dos Pais etc. E também o Dia Internacional da Mulher, que foi cooptado de uma data histórica de lutas e transformado em um dia para dar meras flores para as mulheres). Não quero receber nem ter que dar nada. Faço quando posso, quando quero e quando tenho recurso sobrando. E não quero que ninguém que eu amo perca tempo, energia e dinheiro em lojas lotadas porque é Natal. Prefiro saber que essa pessoa usou tudo isso para descansar ou se cuidar. Ou guardou isso para usar em algum momento comigo, com tempo de qualidade.

"Mas, poxa, as crianças esperam presentes, não tem jeito!". As crianças aprendem pelo exemplo. Elas reproduzem comportamentos dos adultos. Eu não sou mãe, então não quero usar este espaço para falar do que não vivi. Mas, independentemente do que você escolha comprar, o mais importante é que você tenha tempo para dedicar. Elas querem você, mais do que tudo. Talvez possam compreender sua ausência por trabalhar muito, se você explicar. Talvez elas nem precisem de muito tempo, mas que o pouco tempo seja de qualidade.

Como a criança que você foi enxergaria o adulto que você se tornou? O que a sua criança gostava de fazer? Como gostava de passar o tempo? Em que momento algumas "coisas" se tornaram tão importantes enquanto outras foram esquecidas? Quais memórias você colecionou na infância e quais tem colecionado ultimamente?

Talvez sua infância tenha sido difícil e cheia de sensações de abandono ou rejeição. É necessário abraçar sua criança hoje e perguntar a ela o que ela gostaria que você fizesse. Talvez ela possa te ensinar algo com a pureza e a simplicidade da resposta, pois esse reencontro com sua criança interior é muito importante para você se sentir uma pessoa adulta mais completa em sua vida.

As trocas genuínas são os momentos mais marcantes, aqueles em que a gente sente o tempo parar e sai um pouquinho diferente do que entrou. Eu não tenho uma religião específica, apesar de ser uma mulher de muita fé: quando me dedico e atuo por algo além de mim ou maior do que meu entorno, é o mais próximo de Deus que consigo me sentir. Então, por falar em presente, quanto você tem se doado para as pessoas do seu meio e fora dele, para causas fora da sua realidade?

Lara Aknin – cientista, editora e professora canadense de Psicologia Social na Simon Fraser University – ofereceu cinco dólares canadenses para participantes de uma pesquisa. Metade foi instruída a gastar o dinheiro consigo e a outra metade deveria gastar o mesmo valor comprando um presente para outra pessoa. O resultado observado foi que as pessoas que gastaram o dinheiro com outra pessoa ficaram significativamente mais felizes do que aquelas que gastaram consigo mesmas. A cientista descobriu nesse mesmo estudo que gastando 5 ou 20 dólares, os efeitos na felicidade são similares. Ou seja, o ato de compartilhar é o que nos deixa felizes, não importa a quantidade.

Portanto, uma das maneiras de viver grandes emoções positivas hoje é se doar. Você imaginava que, depois das necessidades básicas atendidas, construir felicidade era cuidar das coisas mais simples? Você provavelmente já ouviu falar da *Black Friday*. Mas já conhece o Dia de Doar?

Trata-se de uma mobilização que surgiu em 2012 nos Estados Unidos – o *Giving Tuesday*, que significa "terça-feira da doação" – e hoje, o Dia de Doar integra atualmente 85 países em uma mobilização global, para poder promover uma nação mais solidária, por meio da conexão de pessoas que se importam com causas sociais e filantrópicas, e fazem isso celebrando o prazer que é doar (sim, é prazeroso, comprovado cientificamente). Entre a *Black Friday* e o Natal, datas que promovem o consumo, o Dia de Doar – que no Brasil é celebrado desde 2013, sempre numa terça-feira – vem para refletirmos outras formas de impacto do nosso dinheiro no mundo. Quanto maior a sua generosidade, menor o seu vazio existencial e quanto menor o seu vazio existencial, maior é a sua abundância financeira. Warren Buffet e Bill Gates já foram os homens mais ricos do mundo, e também grandes doadores. Ambos doaram parte de suas fortunas e voltaram a ser os mais ricos do mundo anos depois.

Gratidão e generosidade têm relação direta com o nível de satisfação e felicidade. A ciência já comprova que o ato de doar libera endorfina e ocitocina, e envia ao nosso cérebro a mensagem de "eu tenho mais que o suficiente", e isso interfere muito na nossa energia e consciência. Você pode doar tempo, conhecimento, recursos, amor. E tem custo zero. Mas experimente doar também algum dinheiro, mesmo que pareça nunca sobrar nada. Isso destrava muita coisa e faz bem para a sua saúde financeira. Comece com as gorjetas para motoristas de aplicativo e entregadores. Após essa etapa, escolha um projeto social para apoiar todo mês. Doe sem esperar nada em troca. E não estranhe se depois a vida começar a ser mais generosa com você também.

Quando você faz diferença com o que possui, o que você tem se expande. A colaboração cria prosperidade. Perceba o fluxo e assuma a responsabilidade pelo modo como seu dinheiro se movimenta no mundo. Avalie seus bens – não somente o dinheiro, mas também seu caráter e suas capacidades, seus relacionamentos e outros recursos não financeiros. Das coisas que o dinheiro não pode comprar, como você pode presentear e se doar para o mundo hoje?

Capítulo 8

ORÇAMENTO:
E AGORA, O QUE FAZER?

Não vou me estender nesse ponto. Sempre duvidei das fórmulas prontas, e trabalhar com mentorias tem me provado que cuidar da pessoa vem antes de cuidar das contas dela. Mas posso listar algumas coisas que acho importante considerar em um orçamento. São três divisões principais:

- Essencial: para mim, é essencial tudo o que nos faz viver, não só sobreviver. Então na mesma lista do aluguel, mercado e gás, por exemplo, está meu orçamento mensal para assinaturas de *streaming*, bares e restaurantes, táxi e metrô, *shows* ou eventos etc. Ou ainda: academia, terapia, massagem, plano de saúde. Enfim, tudo o que é considerado essencial e está dentro da realidade de alguém. Essas despesas não são necessariamente fixas (iguais todos os meses), mas são recorrentes (acontecem todos os meses). Depois, considero orçamento para gastos pontuais não recorrentes: alguma viagem, troca de telefone celular ou manutenção da casa.
- Futuro: é a parte que investimos em nós mesmos, todos os meses, para liberdade financeira (ou aposentadoria), e o dinheiro que investimos em cursos, livros, retiros, eventos de *networking* e outras formas de conhecimento para o nosso desenvolvimento pessoal e profissional.

- **Por último, mas não menos importante, eu deixo um orçamento para gastar com supérfluos. Esse valor é como um botão de descompressão. Nem precisa ser muito, pois o que é essencial já foi contemplado anteriormente. Minha experiência com as mentorias que conduzo mostra que, em mais de 95% dos casos, as pessoas se obrigam a abrir mão de essenciais porque o dinheiro se perde nos supérfluos e não sobra. Mas quando olhamos para o que importa, a gente cuida melhor. Em quase 100% dos casos, o orçamento de essenciais passa, inclusive, a sobrar depois de um tempo, e aceleramos o investimento na liberdade financeira. Porque focamos em gastar melhor.**

Eu gosto de olhar para categorias de gastos, mas elas variam muito de pessoa para pessoa, então abomino teorias engessadas como a do 50 – 30 – 20 ("coloque 50% da renda no que precisa, 30% no que deseja e 20% em investimentos para o futuro"). É quase impossível. Não tem como eu pedir para uma pessoa com três filhos, que ganha 5 mil reais por mês, gastar só 2.500 reais no básico. Ao mesmo tempo, existem pessoas com dívidas e, dependendo do caso e das possibilidades, vamos colocar até 40% da renda por um curto período para estancar a bola de neve dos juros. Já um jovem que mora com os pais, tem um bom salário e quer usar boa parte dele para fazer um curso caro... sim, faça!

Mas sempre deixar algo, nem que seja pouco e emergencial, para aqueles momentos que a gente só quer gastar mesmo, ou pedir um *delivery*, pagar uma pizza para uma amiga... isso também pode ser essencial.

Coisas que nunca vou dizer: "Como alcançar o primeiro milhão". Primeiro milhão para quê? No Brasil, entre os anos 2000 e 2020, a taxa média de inflação anual medida pelo IPCA

(Índice Nacional de Preços ao Consumidor Amplo), que é o indicador oficial de inflação, foi em torno de 6,35%. Lembre-se de que as taxas reais podem variar de ano para ano e podem ser influenciadas por diversos fatores econômicos, políticos e sociais. Portanto, essa taxa é uma média aproximada e pode não representar completamente a situação específica do país.

Resumidamente, quem tinha 1 milhão de reais nos anos 2000 teria um poder de compra equivalente a cerca de quase 3 milhões em 2020. Ou seja, em 2000, 1 real valia quase o triplo do que vinte anos depois. Supondo que alguém guardasse esse dinheiro em casa, hoje teria três vezes menos poder de compra do que há vinte anos. Então, além de poupar dinheiro, é importante saber investir, para se proteger da inflação. Isso sem contar que, em aplicações mais conservadoras, de renda fixa, esse 1 milhão pode render até 10 mil por mês em algumas épocas, mas em outras, não. Então você não pode contar com toda essa rentabilidade, também sem contar que o ganho real é perdido, em boa parte, pela inflação.

Além disso, a instabilidade do mercado financeiro é uma preocupação legítima. As condições econômicas e o comportamento dos mercados de investimento são frequentemente voláteis e imprevisíveis. A crença de que se pode planejar uma aposentadoria segura com um rendimento fixo é simplista, pois o mercado pode flutuar, afetando os retornos dos investimentos. É fundamental reconhecer que investimentos envolvem riscos, e não há garantias de resultados.

Saber investir só não é mais importante do que saber gastar. Uma conta milionária não garante liberdade financeira se seu custo de vida só fica mais caro a cada dia. A meta do primeiro milhão não vai trazer independência financeira, e é muito provável que quando – e se – você juntar esse valor, ele deixará de ser suficiente. Não existe paz em querer sempre mais, e é a relação saudável com o dinheiro que pode trazer essa sensação de profunda paz, mais do que a quantidade de dinheiro que você tem. O suficiente não é pouco e é importante deixar isso claro: o suficiente é o bastante, o ideal. Reduzir seu custo fixo é o primeiro passo, e já vou seguir falando disso: faça um esforço para ter sua casinha, sim! Até porque não existem fórmulas prontas sobre como poupar para isso. Trago a seguir um exemplo.

Existe um papo entre *influencers* que falam sobre finanças: "investidor de verdade não compra imóvel". Quem não compra imóvel é quem já tem dinheiro para ter um, ou mais. A conta que eles fazem é: o imóvel que vale R$ 500 mil, você aluga por R$ 2.500 a R$ 3 mil (preço médio de mercado em 2024). Então você pega os R$ 500 mil, aplica a 1% de rentabilidade mensal, "ganha" 5 mil sem fazer nada e aluga uma casa melhor, ou usa o que sobra para ajudar nas despesas.

O problema é: para quem paga aluguel com dinheiro de salário – não de renda passiva do banco – e não vê retorno desse dinheiro, isso não se aplica. Se for considerar a inflação e impacto no poder de compra ao longo do tempo, isso também não se aplica (não se deve usar todo o rendimento, pois parte dele a inflação "come". O que você compra hoje com 100 reais, ano que vem não compra mais). Além disso, em anos de economia estável e taxa Selic baixa, não se conseguiria rentabilidade de 1% ao mês em aplicações de baixo risco. E não aconselho ninguém a colocar tudo o que tem em produtos financeiros de alto risco.

Então, sinceramente, compre, sim, a sua casinha! Pequena, simples, mas compre; saia do aluguel, garanta seu teto. Use os incentivos do governo. Em 2023, o programa Minha Casa, Minha Vida dava condições muito boas para pessoas com renda de até 8 mil reais por mês, na compra de imóveis de até 350 mil reais. O financiamento pela Caixa Econômica Federal (banco do Estado) tinha taxas abaixo do mercado e condições muito facilitadas para compra de imóveis na planta. A ideia era não desembolsar muito durante a obra e pagar o máximo possível depois do imóvel pronto, podendo já morar nele, para não ter que pagar aluguel + financiamento. Se essa casinha ficar pequena demais em algum momento e você quiser algo maior ou mais perto do centro, aí, sim, você pode vender e aplicar esse dinheiro, ou alugar. De qualquer modo, é possível fazer dela uma fonte de renda.

A direção importa mais que a velocidade. Warren Buffett é um dos mais importantes investidores do mercado financeiro global, e também está entre os mais ricos do planeta. Você sabia que o patrimônio líquido dele aos 52 anos era de apenas 0,3% do valor atual? Ele ganhou 99,6% da fortuna de 87,5 bilhões de dólares depois dos 52 anos. Setenta e dois bilhões vieram após os 65 anos de idade. Existem mais de 2 mil livros que falam sobre como Warren Buffett construiu sua fortuna. Mas poucos prestam atenção à coisa mais simples de todas: a fortuna dele não se deve apenas ao fato de ele ser um bom investidor, mas, sim, ao fato de ele investir desde que era, literalmente, criança. Warren Buffett começou a investir aos 11 anos de idade e pagou impostos pela primeira vez aos 13 anos. Se ele tivesse começado a investir quando estava na casa dos 30 anos e se aposentasse aos 60, poucos teriam ouvido falar dele. Este é o gráfico da evolução patrimonial de Warren Buffett. Quando o dinheiro investido começa a render sozinho, a velocidade de multiplicação aumenta muito.

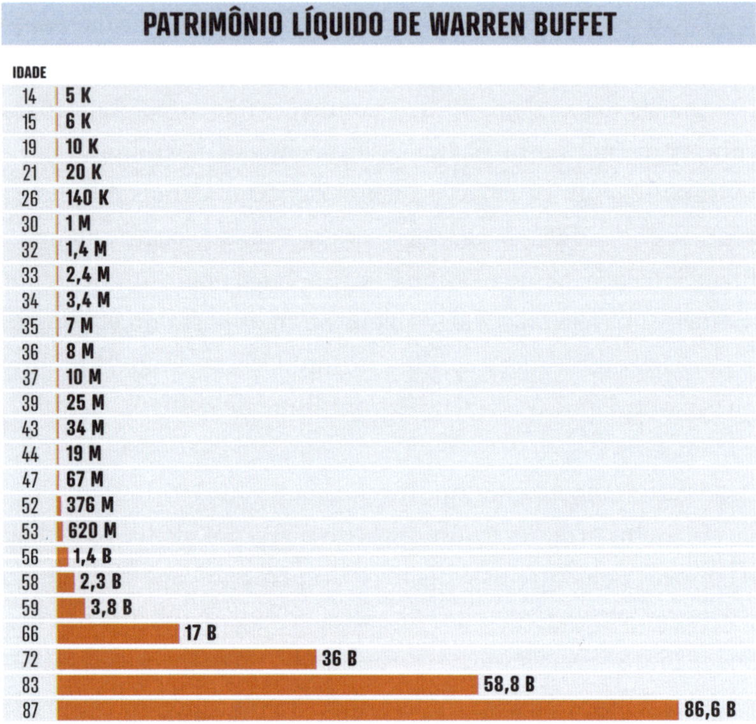

Fonte: https://www.suno.com.br/tudo-sobre/warren-buffett/.

Buffett é um investidor norte-americano que, para ter rentabilidade, precisou investir em ações, que são consideradas de alto risco, já que dinheiro "parado" com o banco não rende quase nada.[11] No caso do Brasil, é ainda mais simples, já que os investimentos em renda fixa costumam oferecer retornos mais atrativos. Isso significa que os investidores brasileiros podem obter retornos relativamente melhores ao colocar seu dinheiro em investimentos de renda fixa, sem a necessidade de se expor tanto aos riscos associados ao mercado de ações.

Outro caso interessante, mencionado no livro *A Psicologia Financeira,* mostra isso. O estagiário Derek Silvers ficou rico e se tornou um empresário de sucesso:

> "Eu tinha um emprego em Manhattan com um salário equivalente a um salário mínimo. Eu nunca comia fora e nunca pegava táxi. Meu custo de vida era de cerca de mil dólares por mês, e eu estava ganhando 1.800. Fiz isso por dois anos e economizei 12 mil. Eu tinha 22 anos. Eu sabia que, assim que conseguisse os 12 mil, poderia largar meu emprego e me dedicar à música em tempo integral. Sabia também que poderia conseguir alguns *shows* por mês para cobrir meu custo de vida. Logo, eu estava livre. Saí daquele emprego no mês seguinte, e nunca mais tive um emprego. Quando acabei de contar essa história para um amigo, ele ficou esperando por mais. Eu disse que não havia mais, que tinha terminado. Ele insistiu: 'Tá, mas e quando você vendeu a sua empresa?'.
> Respondi que aquilo não tinha feito uma grande diferença na minha vida. Era só mais dinheiro no banco. A diferença real aconteceu quando eu tinha 22 anos."

O conforto físico e material nunca compensarão um desconforto emocional.

Já sabemos que a forma como lidamos conosco e com as pessoas diz muito sobre como lidamos com o dinheiro. Saúde financeira é muito mais do que superávit bancário. Quanto ganhamos e quanto gastamos são só uma parte da nossa história. Assim como dietas saudáveis e sustentáveis não se resumem a déficit calórico, uma boa saúde financeira não tem a ver só com uma conta no positivo. É preciso levar em conta a qualidade de como a gente está se nutrindo: no âmbito físico, mental, espiritual e emocional.

Aconselhamento sem profundidade não é suficiente para transformar comportamentos destrutivos. Sermão, muito menos. Nem sempre gostamos que nos digam o que fazer, e às vezes até imaginamos o que poderia ser feito: difícil é colocar em prática. Por quê? Não fomos ensinados a falar abertamente de dinheiro, nem fomos educados para cuidar bem dele, e é muito difícil trazer transparência e/ou sinceridade no que diz respeito ao nosso relacionamento com as finanças.

A ideia de "fórmulas do sucesso" vendidas na internet deve ser vista com bastante ceticismo. O sucesso financeiro é altamente individual e depende de circunstâncias únicas, objetivos, tolerância ao risco, história, repertório e habilidades de cada pessoa. Não há uma solução única que funcione para todo mundo. É importante adaptar estratégias financeiras ao seu contexto pessoal. Saúde financeira não se cura olhando só para as receitas e as despesas, mas nesta parte final vou deixar algumas dicas práticas que podem ajudar.

1 - Perguntar-se sempre: O que é dinheiro para mim? E o que não tem preço na minha vida?

Qualquer gasto que te afaste das coisas que o dinheiro não compra, foge à sua essência, ao que é mais importante.

Aprenda com os impulsos: comprou e se arrependeu? Ressaca financeira existe e é uma ótima oportunidade para se conhecer melhor. Ela soa um pouco como "eu me culpo pelo que gastei de forma impulsiva e desnecessária". Mas isso, além de violento, também não melhora as chances no futuro. A consciência e a maturidade soariam mais como "reconheço que gastei porque estava triste e vou pensar agora em outras formas para me acolher sem gastar, na próxima vez". A jornada é mais ou menos assim:

Reconhecer:

- Apenas aceite o que foi feito, de fato.
- Assuma sem ficar se justificando: "Eu fiz e não precisava ter feito. Ponto".
- Saia da dinâmica de fazer primeiro e depois arranjar uma explicação "racional".

Acolher:

Pergunte-se:

- Como eu estava me sentindo na hora? (Veja a lista de sentimentos.)
- Qual era o contexto?
- E agora, o que mudou?

Compreender:

- O que eu precisava de verdade?
- Se eu pudesse pedir algo que o dinheiro não pode comprar, o que seria? (Veja a lista de necessidades.)
- Usei a melhor estratégia?

Perdoar:

- Não fazemos piores escolhas intencional ou racionalmente. Querer se punir ainda mais não ajuda em nada. Perdoar é necessário. E sair da culpa para o aprendizado ajuda nesse processo.

Pedir:

O que você quer pedir para si?

- Tem alguém que pode te ajudar a pensar em estratégias ou ações para que esse deslize vire um aprendizado?

Agir:

O que eu faria diferente, com o que entendi agora?

- Observe e atente-se para identificar e evitar situações parecidas no futuro: "A próxima vez em que eu me sentir assim, vou conseguir identificar isso e fazer algo diferente, em vez de comprar qualquer coisa?".

Lidar com a verdade das nossas vulnerabilidades, fragilidades e impulsos pode trazer incômodo e dor. Mas é exatamente isso o que nos move para a transformação. É mais provável que mudemos um comportamento quando ele incomoda ou prejudica a nós mesmos, do que a outra pessoa.

E se existe um incômodo ou uma insatisfação aí que não está tão nítido, pense nas áreas da sua vida em geral.

Luxo é ter o que o dinheiro não pode comprar.

2 - Cuidar do seu conforto

Use o dinheiro para cuidar do seu lado de dentro. Porque o dinheiro é inútil se não for usado para melhorar a sua qualidade de vida. Há muita ilusão em achar que qualidade de vida tem a ver com conforto físico apenas. A esta altura, você já sabe do que precisa: saúde, segurança, aprendizado, espaço, escolha, alegria, paz, conexão, pertencimento, colaboração, apoio, reconhecimento, afeto, respeito, compreensão, amor, autenticidade, empatia, liberdade, expressão, autonomia, inspiração, harmonia etc.

Se você gasta seu dinheiro para ter conforto material, mas não cuida do resto, a vida vira uma eterna insuficiência. E isso é bem desconfortável. E quanto mais desconforto, mais vulnerável ficamos e mais agimos por impulso, e mais e mais nos sabotamos. Se você tem sido muito exigente em relação ao conforto físico, tente entender se esse desconforto não é, na verdade, emocional. Porque um nunca vai compensar o outro.

O conforto físico e material jamais compensarão um desconforto emocional. E o desconforto emocional vem por que não atentamos ao que precisamos de verdade. Seu padrão de vida custa quanto da sua vida (tempo, saúde e energia)?

É só seguir este raciocínio rápido: você ganha 5 mil por mês e quer muito trocar de carro. Dispõe-se a se privar de diversas formas e abrir mão de outros gastos por um bom tempo. Junta o dinheiro. Troca o carro e paga a diferença à vista. É uma questão de semanas, no máximo meses, até que esse carro passe a ser irrelevante no seu bem-estar. A gente se acostuma e passa a compará-lo com outros mais caros. É assim que as coisas são. Agora, com os mesmos 5 mil por mês, você paga IPVA mais caro, seguro mais caro e manutenção mais cara. E continua se privando de outros gastos que poderiam cuidar melhor do seu bem-estar. Então que tipo de conforto esse carro traz, se for à custa de outras privações? (Importante dizer que esse caso é para troca de carro que ainda está em condições de uso, e não a compra de um carro que pode significar duas horas por dia a menos em transporte público ou substituição de um carro que já não funciona ou dá muita despesa mecânica.)

Se você está começando, perca menos tempo aprendendo como fazer seu dinheiro render 0,2% a mais no ano, e invista sua atenção em como você pode gastar 20% a menos e investir esse dinheiro. Foque em ativos que tragam renda, e não em passivos que geram mais despesas. Conforto é também ter dinheiro para uma vida digna, mais flexível e com menos preocupações financeiras. E luxo é ter o que o dinheiro não pode comprar. Se você tem as necessidades básicas atendidas, o desconforto tem mais a ver com a forma que você interpreta a vida do que com a forma que você vive, de fato. Não é errado sentir medo ou desconforto, mas ele tem menos a ver com o que você tem, e mais com como você cuida das suas necessidades básicas: amor, segurança, autoestima, pertencimento, conexão etc.

É mais provável que eu mude um comportamento quando ele incomoda ou prejudica a mim mesma, do que a outra pessoa.

3- Comprar bem-estar em vez de "bem parecer"

No livro *Dinheiro Feliz: A Arte de Gastar com Inteligência*, os autores Elizabeth Dunn e Michael Norton nos dizem que pessoas que gastam com experiências alinhadas aos seus valores parecem ser as mais felizes. Após examinar estudos e observar o comportamento humano, eles constataram que indivíduos determinados não em acumular objetos, mas em ter experiências e estar totalmente imersos no momento presente sentiam-se bem em relação a seus gastos. É importante reforçar: experiências alinhadas aos seus valores. Porque você pode estar num cruzeiro superluxuoso, mas se o entorno não parecer compartilhar dos seus valores, é o mesmo que gastar com uma TV maior, a que você mal assiste. Isso tudo não melhora realmente seus dias.

Outro motivo pelo qual bens materiais não são a melhor forma de gastar, é que eles se desgastam ou se depreciam com o tempo, ficam piores e perdem valor. Já as memórias das experiências tendem a ficar melhores. Até os sufocos de viagens se tornam boas histórias de lembrar e contar depois.

Mais uma vez repito: se você tem o básico, o jeito que você gasta seu dinheiro é mais determinante no fator felicidade do que a quantidade que você ganha. Atender aos nossos desejos, além de custar caro algumas vezes, não necessariamente atende ao que a gente precisa de verdade.

Também sabemos que a facilidade é inimiga da apreciação. Quanto mais temos acesso a algo, menor o impacto causado por ele. Quando a gente se acostuma com alguma coisa, reduzimos o prazer proporcionado por ela. Então meu convite é que você tente gastar menos com consumo e conforto material e consiga garantir grana para reduzir inseguranças e preocupações. Que você compre menos coisas, para poder comprar sua segurança financeira, sua liberdade e mais tempo para si.

Uma pesquisa da Gallup, feita por Tom Rath e Jim Harter, nos informa sobre as cinco dimensões principais, que são elementos universais e interligados, para o bem-estar. Eles tratam de como pensamos e experimentamos as nossas vidas:[12]

- Bem-estar na carreira: em termos de como ocupamos o nosso tempo e desfrutamos do que fazemos e aprendemos. Nem sempre trabalhamos com o que amamos, mas é preciso garantir espaço com o que é mais importante. Você pode não saber o que ama fazer. Mas ter tempo livre ajuda a parar, sentir, investigar. Isso não quer dizer que existe algo errado em ter um emprego; todo mundo precisa pagar as contas. No entanto, quando nos afastamos demais do que nos nutre e paramos de fazer perguntas importantes nos deixamos consumir.

- Bem-estar social: ter relacionamentos significativos, laços fortalecidos e afeto em sua vida. Não estar ou se sentir só. Ter uma rede de apoio e se colocar disponível, participando ativamente da vida dessas pessoas.
- Bem-estar financeiro: recursos suficientes para reduzir o estresse e aumentar a segurança. Não se menciona consumismo como fonte de bem-estar, mas usar do dinheiro como meio de crescimento e liberdade, não para comprar autoestima, por exemplo.
- Bem-estar físico: ter boa saúde e energia suficientes para fazer o que precisa ser feito. Movimentar-se, alimentar-se bem, expor-se ao sol, manter-se hidratado. Coisas simples que mantêm nosso corpo são.
- Bem-estar comunitário: o sentido de engajamento, pertencimento e envolvimento que temos no entorno onde vivemos. Não é só morar num bairro da moda, mas realmente viver o lugar, participar das coisas que acontecem e contribuir com ele. Não adianta morar na praia se a pessoa não sai e mal abre a janela.

Muitas vezes nos damos presentes para compensar a falta de fazer coisas que amamos. Veja algumas ações intencionais, que podem ter custo zero em sua vida e ainda aumentam a sensação de bem-estar:

- Fazer "vários nadas": nada mesmo. Nem leitura, nem tela. Só contemplação e observação.
- Saúde: não é só academia. É também a forma como você se alimenta, equilibra vida pessoal e trabalho, descansa, cuida do seu sono, se movimenta de maneira geral.
- Silêncio absoluto de vez em quando.
- Abraços ou olho no olho/sorrisos, se você não for muito apegado a toque.

- Elogios: distribuir apreciação.
- Apoio e ajuda: dar e saber pedir.
- Rir alto, rir baixo, sorrir mais (onde você deixou sua criança interior quando cresceu?).
- Boas conversas: escolha bem as pessoas mais próximas e ofereça mais escuta ativa.
- Crescimento: como está a sua jornada de aprendizagem? Em tudo o que fizer, pergunte menos "o que estou fazendo aqui?" e mais "quem estou me tornando aqui?".
- Boas leituras: trocar livros com outras pessoas.
- Presença: crie métodos para sair do automático o máximo que puder. Trazer presença em tudo e exercer gratidão pelos pequenos prazeres da vida: dormir, beber água, alimentar-se, rir...
- Relacionamentos: família, amizades, afetividades, parcerias, sua rede de apoio. Entenda não só como essas relações te nutrem, mas como você se coloca disponível, se dedica, interage e engaja em atos de gentileza e generosidade.

Tempo de qualidade pode ser tudo isso. Esvazie seu carrinho de compras e encha seu dia com mais intenção. Hábitos saudáveis para o seu dinheiro incluem ser menos obediente e mais responsável. Estar mais na presença e menos no controle. Ter mais admiração e menos inveja. Escutar com mais atenção a consciência do que a vontade. Se posicionar mais como protagonista do que vítima. Aprender e crescer em vez de achar que já sabe tudo. Agradecer a si mesmo e praticar o reconhecimento que se espera dos outros. Reduzir. O minimalismo pode fazer tão bem quanto exercício físico. Doar dinheiro e outras coisas que servem para você, e não apenas os restos e os excessos. E escolher bem suas companhias em todos esses momentos.

Pode começar pelo mais básico: traçar limites e aprender a dar e receber "nãos". Entender que se você está sentindo cansaço, talvez só precise dormir, se alongar, chorar, escrever, abraçar, ler, meditar ou ficar em silêncio. A gente vê o que o outro mostra, mas de acordo com as nossas lentes. No final das contas, riqueza mesmo é a parte que a gente não vê, assim como as dívidas. Se mostrar é diferente de ser visto. É melhor estar bem do que parecer bem.

Foque em ativos que tragam renda, e não em passivos que geram mais despesas. Conforto é também ter dinheiro para uma vida digna, mais flexível e com menos preocupações financeiras.

4 - Comprar tempo

Você já chegou ao fim do dia com a sensação de exaustão e cansaço, mesmo "não tendo feito nada de mais"? Isso acontece porque fazemos muitas "coisas". Estamos sempre ocupados, mas não necessariamente de forma produtiva. Então, para tarefas que exijam muito esforço/tempo e trazem pouco resultado, use seu dinheiro. Eliminar trabalhos que sugam a nossa energia significa comprar mais tempo e ter mais produtividade para o que queremos.

Ou seja, mais tempo livre. Empresas terceirizam trabalhos não fundamentais para atividade principal (*core business*), assim podem focar nas tarefas críticas para o negócio. Da mesma forma, é possível liberar tempo para atividades importantes ou agradáveis, terceirizando outras experiências que, para você, são desagradáveis.

Mesmo aqui, depois de toda essa nossa jornada, tenho que repetir mais uma vez: depois das necessidades básicas atendidas, o dinheiro é inútil se não for usado para melhorar sua qualidade de vida. A gente se preocupa muito em negociar salário ou preços, quando poderia focar em negociar tempo. Podemos comprar tempo e bem-estar em vez de coisas: terceirizar algumas tarefas, sermos menos ocupados e mais produtivos, ter mais tempo livre fazendo coisas de que gostamos, estar junto de quem amamos etc.

Alguns exemplos:

- Armário: eliminar horas no Google ou em busca de promoções e pagar alguém para entender seu estilo, adequar seu armário e movimentar tudo o que está parado.
- Conhecimento: horas de vídeos e conteúdos grátis que são confusos e repetitivos. Libere esse tempo e invista naquele curso bom que te indicaram.
- Tarefas domésticas: compre a marmita daquela pessoa que faz com amor e precisa dessa renda. Contrate uma pessoa para ajudar na limpeza que hoje está custando seu fim de semana ou a sua rinite alérgica.
- Burocracias: pague alguém que te ajude com o imposto de renda, se precisar.
- Apresentações e *design*: contrate. Você precisa apresentar os resultados ou uma proposta comercial? Capriche, mas concentre-se na precisão dos números e no conteúdo da proposta.

- **Investimentos: pague alguém que entenda. Mas pague a hora dessa pessoa e o conhecimento dela, busque indicações. Não acredite em ganhos milagrosos, nem no seu gerente do banco, que provavelmente vai empurrar produtos para você a fim de bater a meta do mês.**

Talvez você prefira investir em alguém que faça em trinta minutos o que você demora dois dias. E talvez você possa vender seu tempo fazendo algo de que goste e resolva em trinta minutos. Para mim,

Qualidade de vida é ter tempo de qualidade. Adicionar tempo aos meus dias e adicionar vida ao tempo que tenho.

Experimente se presentear com alguns minutos ou horas que serão investidos em delegação de tarefas. O que você está precisando delegar agora? E o que pretende fazer com o seu tempo livre? Nessa mesma lógica, faça pequenas pausas estratégicas de quinze minutos ou mais entre compromissos de trabalho ou sociais que concedam tempo de inatividade e presença. Parece que não vai "dar tempo", mas para o que importa, vai sim.

Vai chegar o dia em que você vai ter mais tempo e vai conseguir ressignificar essas tarefas. Vai curtir trocar o exercício na academia por uma boa faxina em casa, ou colocar uma música e cozinhar as marmitas da semana. Mas vai fazer isso por escolha, e não por obrigação porque já gastou toda a grana do mês comendo em lugar caro ou comprando roupas que mal usa. Quando esse dia chegar, você provavelmente já terá entendido o que é essencial, terá mais tempo livre e já estará investindo para o seu futuro. A grana da faxina ou da marmita que você não gastou pode virar uma massagem, ou a parcela de uma viagem. Porque a vida não deveria ser só trabalhar e pagar boletos.

A vida é muito curta para gastar a maior parte dela com coisas que não nos nutrem. Dizem que tempo é dinheiro, mas tempo para mim é vida. E dinheiro é a ferramenta que amplia a liberdade de escolher o que fazer com o tempo. Então é estratégico fazer bom uso de ambos. Como você tem investido seu tempo e seu dinheiro?

Rico é quem tem tempo. Esse recurso é a melhor coisa que a sua independência financeira pode comprar, em vez de "mais coisas". Se dinheiro não fosse um problema, como você usaria seu tempo? Porque, se avaliar bem, muita coisa custa zero reais e poderia ocupar o espaço de outras coisas que talvez você nem goste tanto, mas nas quais tem investido tempo e dinheiro ultimamente, só porque sempre fez ou aprendeu assim.

Dizem que tempo é dinheiro, mas tempo para mim é vida. E dinheiro é a ferramenta que amplia a liberdade de escolher o que fazer com o tempo.

5 - Parar de tentar controlar suas finanças

Como alertei logo no início, sou descontrolada, desorganizada, indisciplinada: essa é a pessoa que escreveu este livro, e que, no entanto, está com a saúde financeira em dia.

Se descontrole for ausência de controle, isso não é nada ruim, na minha opinião. Pelo contrário, me dá a sensação de paz. Não é saudável querer controlar tudo porque é simplesmente impossível. Mal conseguimos controlar nossos fatores internos. E o dinheiro ainda tem muita influência de fatores externos, como as condições econômicas, as oscilações nos mercados financeiros, as recessões, as oportunidades profissionais e os eventos imprevistos. Circunstâncias inesperadas e ações de terceiros também desempenham um papel. Então, você não tem culpa por tudo o que influencia sua vida financeira, mas é a única pessoa que pode agir para se fortalecer diante das incertezas. E isso não acontece através do controle.

Controle financeiro não funciona porque é só uma estratégia, é consequência, e não cuida da causa que te faz gastar todo o seu salário. Querer controlar as finanças é como querer controlar o que sentimos. Sem a compreensão de nossos setimentos e emoções, não lidamos bem com as finanças. Inteligência emocional não é controlar emoções, é conhecê-las e entender como encaminhá-las. Inteligência financeira não é controlar gastos, é conhecê-los e entender as nossas prioridades. A gente gasta primeiro para sobreviver. Depois para nutrir outras necessidades. Conhecer as próprias necessidades te permite viver melhor e gastar menos.

Por isso, é importante dar espaço e olhar para o que não sai conforme a nossa vontade. Compreender o que faltou ali, e o que pode ser diferente numa próxima vez. Só tapar buracos ou não falar sobre o problema não vai minimizá-lo. Quer piorar um problema? Finja que está tudo bem e ignore a situação. Tempos depois, volte e veja o desastre. É assim que funciona com as relações. É assim com o dinheiro, também. E a solução não está no controle, mas na compreensão.

6 - E o papel da organização?

Já percebeu que em casas muito cheias, mesmo com muita organização, algumas coisas ficam esquecidas? Quando a gente não sabe o que precisa e acumula, se perde. Mesmo com tudo organizado. Nas finanças, tem gente que até se "organiza" preenchendo alguma planilha. Mas só para constatar no final de todo mês que se perdeu mesmo, que gastou além do orçamento (ou quase) e a situação nunca melhora. Você não é uma planilha. Então, eu diria que o mais importante é "tirar tudo do baú", ou seja, olhar para cada gasto seu nos últimos meses, para visualizar e tomar ciência do que está acontecendo, pois não podemos cuidar daquilo que não conhecemos. Mas reorganizar seria como olhar aquele monte de coisa, passar um paninho (literalmente) e colocar tudo no armário de novo. Se não nos desapegarmos, não entenderemos gastos desnecessários e não faremos uma boa faxina: não interessa o quão organizado esteja esse armário, ele continua lotado e sem espaço para o novo, o diferente.

Montar uma estratégia é entender as possibilidades e as oportunidades para nutrir cada necessidade sua. Uma vez tendo visto e compreendido seu cenário, a intenção é mudá-lo, montando uma estratégia que funcione. E aí a planilha se torna a parte menos importante. É preciso se organizar por dentro antes de organizar as finanças. Eliminar é mais importante do que organizar. É abrir mão de muita coisa e perceber que não se perdeu absolutamente nada. "Tá, mas aí eu preciso de disciplina para seguir essa estratégia, não é mesmo?" Não. Disciplina você precisa para acordar cedo e treinar na academia, mesmo contra a sua vontade. Disciplina seria preencher a planilha todos os dias, mas ela nem é a parte mais importante.

O nosso dinheiro é algo com o qual a gente se relaciona, e uma boa relação não se pauta em disciplina, mas sim em acordos saudáveis. Quando a gente entende o que é mais importante, os acordos ficam claros e cumpri-los fica mais leve. Quando a gente entende o que não está funcionando, por que não está mais funcionando e qual necessidade nos faz continuar tentando, aí, sim, encontramos outras formas de nutrir aquela necessidade. Então não se trata de fazer mesmo sem vontade, mas de perder a vontade de fazer algo prejudicial, ou de fazer mais daquilo que realmente beneficia. Sem *ter que* fazer nada. É assim que funciona!

Eu jamais, em minhas mentorias, tiro o cafezinho diário, a assinatura de *streaming*, ou qualquer coisa que possa desatender a uma necessidade. Mas ajudo meus clientes a entenderem que parte da grana está se perdendo, qual gasto não os nutre, mas está lá, e o mais importante: abrimos um mundo de estratégias diferentes para atender a cada necessidade. Os exercícios que passei nos capítulos anteriores são parte de um processo completo de virada financeira através da inteligência financeira, que é mais importante que o controle, a disciplina e vem muito antes da organização.

O controle surge como estratégia para alguma insegurança. Medo de que algo não aconteça conforme esperamos. Medo de uma desilusão. Medo de perder. E quanto mais tentamos controlar, mais a vida nos mostra que não temos o controle sobre quase nada, na verdade. Isso gera mais insegurança, e mais vontade de controlar. O medo tem toda a aparência de controle e anda de mãos dadas com a escassez. O antídoto para ambos é a presença, a consciência. É perceber a vida que quer emergir sem silenciá-la. É compreender os desejos e atravessá-los, sem fingir que nunca estiveram ali, ou que não deveriam estar.

Deixo aqui uma frase de uma querida amiga, Ana Ralston: "Quando insistimos no controle em demasia, não escutamos o som da vida. O controle faz barulho demais. Tem muita coisa que nos é dita em silêncio. Você está escutando?". A lucidez que a presença e a consciência trazem: elas são muito mais leves e eficazes do que o controle.

Inteligência financeira não é controlar gastos, é conhecê-los e entender suas prioridades.

7- Parar de se contentar com pouco

Quando vemos em uma vitrine "aquele" sapato e pensamos "eu mereço", a vida nos dá mais sapatos. Sabe aquela ideia de "cuidado com o que você deseja"? Abundância é ter as necessidades básicas atendidas e estar em paz, ter rede de apoio, liberdade, autonomia, autoestima. Aliás, o que o sapato novo faz pela sua autoestima? Talvez o efeito passe até antes de chegar da loja para o nosso armário. É muito armário cheio para pouca gente com a autoestima em dia.

Se o motivo para gastar for "eu mereço", cuidado, é golpe. Cilada. Respire. Saia do automático. Até que comprar perca o sentido, volte àquelas perguntinhas que passei antes. Elas me ajudaram muito no processo de cuidar melhor das minhas necessidades:

- **Estou mesmo cuidando de mim?**
- **Estou vulnerável hoje?**
- **O que eu quero ou o que vou ganhar com isso?**
- **Por que eu quero isso agora?**
- **Como seria me dar uns dias antes de comprar? Seria tão difícil, mesmo?**
- **O que está por trás disso?**
- **Qual necessidade isso vai nutrir? Qual necessidade real está por trás dessa compra?**
- **Essa opção é a única ou melhor estratégia?**
- **Esse gasto melhora a minha qualidade de vida por quanto tempo?**
- **O que meu dinheiro está financiando com esse gasto?**

- **Que impactos estou gerando no meio ambiente?**
- **Vale adiar a minha independência e liberdade para ter/ fazer isso agora?**
- **Isso tornará minha vida verdadeiramente mais bela? Como?**

"Porque sim" não é resposta. "Porque eu mereço" também não. O problema não é gastar, é achar que aquele gasto vai ajudar; negligenciar o que está por trás, e fazer disso um círculo vicioso. Você tem investigado seus impulsos? Tem olhado para eles de frente, ou está silenciando tudo com coisas que o dinheiro compra, mas não resolve?

Você merece mais do que pensa. Saber o que está por trás do consumo é o único jeito de resolvê-lo. Quando a "blusinha nova" parece melhorar sua autoestima, veja o que aconteceu com todas as outras que estão no seu armário. Talvez essa desculpa não cole mais.

Esse papo de "vista-se de você" não serve de nada se for "desde que dentro de um padrão bem aceito e aprovado pelo público". Isso só reforça que a sua imagem importa mais do que você. "Vestir-se de você" é saber o que funciona, o que te atende, te faz sentir segurança e conforto no seu corpo. Preze pela qualidade e não quantidade. Compre ajuda profissional nesse processo, em vez de mais roupas.

Como disse Slawomir Mrozek, um dramaturgo polonês:

> Pode-se trocar de roupa sem parar. Assim, como é maravilhosa a liberdade de que usufruem os envolvidos nessa busca... Vamos continuar procurando nossos verdadeiros eus, é incrivelmente divertido – sob a condição de que o eu verdadeiro jamais será encontrado. Porque se fosse, a diversão chegaria ao fim.

Saber que você merece mais é usar seu dinheiro para ter paz. É se empoderar através dos efeitos de uma boa vida financeira e poder:

- **Ganhar menos para se livrar do chefe tóxico.**
- **Terceirizar a parte chata do trabalho.**
- **Trabalhar menos horas.**
- **Dizer mais "nãos".**
- **Sentir menos medo do futuro.**
- **Pagar terapia.**
- **Etc. (A lista é gigante, e você pode continuar daqui...).**

Economizar não é algo fácil de se fazer, e sobretudo de se manter, mas se faz por algo maior. Exercitar o corpo cansa, às vezes dói e dá preguiça. Mas faz bem. Relações não são sempre lindas, têm seus momentos, conversas difíceis, mas nos dedicamos porque cultivar boas relações nos faz bem. Uma alimentação saudável nem sempre é o que queremos, mas não vivemos só de chocolate, porque uma boa alimentação faz bem. Cuidar das finanças é se cuidar. É como ter que fazer musculação. Nem sempre é agradável, mas faz bem, e é esse algo maior que a gente tanto merece.

Antes de mais nada, para ter uma vida financeira saudável é preciso honestidade. Você vai encontrar desculpas para gastar, vai tentar racionalizar o impulso para justificar uma compra. Mas para sua vida financeira melhorar, é preciso ser honesto consigo mesmo: o que quer que você não esteja mudando, você está escolhendo.

Você até merece o *look* novo, mas eu desejo a você muito mais que isso. Eu desejo amor, a começar de dentro. Porque quanto mais você se ama, menos coisas você precisa. Ficar se presenteando com compras pode parecer autocuidado. "Eu mereço" pode parecer autorreconhecimento. Mas amor-próprio mesmo é cuidar do que importa. Produto nenhum vai nutrir isso, e nada tem a ver com recompensa ou compensação pelos desafios que enfrentamos. Eu desejo a você mais, eu te desejo paz.

Eliminar é mais importante do que organizar. É abrir mão de muita coisa e perceber que não se perdeu absolutamente nada.

MENOS É PAZ

Na simplicidade encontro a calma,
Menos é mais, é a minha alma,
Na essência da vida, a paz de saber o que importa de verdade.

Afasto o excesso que me confunde,
Encontro paz em ser quem sou, sã,
E na simplicidade, a vida se inunda.
No desapego, a liberdade se revela,
E muito espaço se abre para o contentamento no momento.
Um sorriso sincero, um olhar sereno,
Os pequenos gestos cheios de valor,
Na leveza do ser.

Menos é paz, o mantra que ecoa,
Nos cantos da alma que se liberta,
No abraço acolhedor, na palavra doce,
Na beleza das coisas mais singelas.

Assim, de mãos leves e mente aberta,
Encontro serenidade na humildade,
Menos é paz, a essência que desperta,
A magia simples da felicidade.

CONCLUSÃO E PALAVRAS FINAIS

Ao longo deste livro, compartilhamos uma jornada que transcende números e planilhas. Foi uma travessia pela história, pelos sentimentos e pelas escolhas que moldam nossa relação com o dinheiro. Ao relembrar minhas raízes, penso no que aprendi com meu avô, que dizia que "quem souber vender nunca ficará pobre". Ele me mostrou que prosperar é mais do que esforço individual – é sobre construir conexões reais e valorizar as pessoas que cruzam nosso caminho, criar uma rede de apoio e significado (Capítulo 1).

Entender que o dinheiro está intrinsecamente ligado às nossas emoções foi um ponto de virada. Não é apenas sobre gastar ou poupar, mas sobre olhar para dentro, questionando o que realmente precisamos, queremos ou pedimos. Afinal, "não existe planilha que salve alguém que não conhece o que está por trás das suas escolhas de gastos". Essa autorreflexão nos leva ao autoconhecimento, à maturidade e à liberdade para escolher caminhos mais conscientes, longe de armadilhas impostas pelo consumismo ou por expectativas alheias (Capítulos 3 e 4).

Nosso comportamento é a verdadeira chave, como bem ilustra a Comunicação Não Violenta. Como disse Morgan Housel, "comportamento é mais importante que conhecimento", e ao entender nossas necessidades reais, encontramos a base para escolhas conscientes ao lidar com dinheiro e com nossas relações (Capítulo 2).

Essa jornada também mostrou que não dá para cuidar das finanças sem cuidar das relações. O dinheiro, em sua essência, é sobre conexões – seja conosco ou com o mundo ao nosso redor. E reconhecer isso é um passo poderoso para transformar nossa maneira de viver e consumir (Capítulo 5).

Ao olharmos para o impacto de nossas escolhas no mundo, percebemos que "o consumismo não é autocuidado". Nossas decisões financeiras têm consequências que vão além do bolso. Por isso, aprender a valorizar o essencial e simplificar nossas vidas nos aproxima de uma abundância que transcende o material (Capítulos 6 e 7).

Por fim, refletimos sobre o orçamento como uma ferramenta para comprar bem-estar em vez de "bem parecer". Perguntar "o que não tem preço na minha vida?" nos ajuda a priorizar o que realmente importa: o tempo, o conforto e a liberdade de sermos quem queremos ser (Capítulo 8).

Agora, ao concluir esta leitura, desejo que você leve consigo algo mais profundo do que dicas práticas. Que você encontre coragem para olhar para dentro, lucidez para tomar decisões alinhadas aos seus valores e leveza para se reconciliar com o dinheiro e com a sua história.

Que esta jornada seja rica em descobertas e crescimento. Boa sorte e boa caminhada!

Com carinho,
Rubia Gouveia

NOTAS

1. Numa casinha em frente ao armazém, mora uma menina, dois anos mais nova, que passava o dia ajudando a mãe em casa e aperfeiçoando suas habilidades na máquina de costura. Seu nome é Maria Assunção. Ela estudou somente o que julgavam necessário, ou o que fazia sentido na época. Mas nunca me esqueço da sua letra e caligrafia... das coisas mais lindas e gostosas de ver. Sua escrita era um capricho, uma arte... E na máquina de costura Singer, com tecido e linhas, ela fazia os mais lindos "Bordados da Ilha da Madeira", uma arte típica da ilha e famosa no mundo todo. No papel ela "bordava", com a caneta, letras em forma de receitas, recados... até a agenda telefônica que fazia, para mim, era incrível! (Sim, sou da época em que não existiam celulares e tínhamos uma agenda de papel com todos os nomes e telefones anotados à mão.)

   A janela do quarto dela tinha vista para a rua e era feita de madeira. Era nas brechas das persianas que meu avô deixava cartas, após tê-la conhecido e se apaixonado. Não havia outro meio de comunicação senão esse, em segredo e muito discreto, para que ninguém desconfiasse. Nada de conversa nem contato físico, não frequentavam a mesma escola, afinal já nem estudavam mais. Foram raras as trocas de olhar, mas suficientes: o vô escrevia antes de dormir, e deixava pela manhã em uma das frestas. Ela respondia ao longo do dia e devolvia no mesmo lugar, para que ele pegasse após o expediente de trabalho.

   Cartas vêm e vão, meses também, talvez anos. Não sabemos ao certo quanto tempo durou essa paquera poética, esse amor platônico. Até o dia em que, cheio de coragem e conforme mandava a regra, meu avô foi pedir a mão da avó ao pai dela: o sr. Campos! O futuro sogro foi duro na queda, mesmo conhecendo-o da vizinhança e sabendo de sua rotina de trabalhador, fama de rapaz honesto, de boa família... Por um bom tempo, não aprovou muitos encontros, mesmo que na sala da sua casa, e o controle com horários era rígido e inegociável.

A essa altura, eram os três na casa: Maria, seu marido José e a filha Assunção. O primeiro filho, Arthur, bem mais velho que a vó, já havia partido para os Estados Unidos e perderam contato (por um bom tempo, achavam que ele tinha morrido). A vó envelheceu falando dele, imagino o vazio e a saudade que ela sentia pela ausência do único irmão. Assumiu sozinha o papel de ajudar a mãe e não sobrava tempo nenhum para qualquer vida social ou amizades. Em contrapartida, teve aulas particulares com a mãe, de como cuidar de uma casa, família, além de manter as boas maneiras. Assunção, de 13 anos, e Salvador, de 15 anos, assumem namoro. Jamais encontramos essas cartas, nem temos ideia sobre o conteúdo. Mas eles já consideravam namoro, essa época de trocas escritas apenas.

2. O artigo "O Papel das Emoções na Tomada de Decisões Financeiras", por Jennifer S. Lerner, Ye Li e Elke U. Weber, publicado na revista *Current Directions in Psychological Science*, revisa a literatura sobre como as emoções influenciam as decisões financeiras e destaca a importância de considerar as emoções na teoria financeira.

3. Warneken, Felix; Tomasello, Michael. "Altruistic Helping in Human Infants and Young Chimpanzees." *Science*, v. 311, n. 5765, pp. 1301-1303, 2006.

4. Há diversos estudos que indicam que, a partir de certo ponto, o aumento da renda não está diretamente relacionado com um aumento proporcional da felicidade. Seguem alguns deles:

   Estudo de Kahneman e Deaton (2010): Este estudo, realizado pelos psicólogos Daniel Kahneman (ganhador do Prêmio Nobel) e Angus Deaton, sugere que a felicidade emocional aumenta com a renda, mas apenas até cerca de US$ 75 mil por ano (nos Estados Unidos). Acima desse valor, a relação entre renda e bem-estar emocional se torna muito menos significativa. Eles diferenciavam "bem-estar emocional" (sentimentos diários) e "avaliação de vida" (satisfação geral com a vida). Embora mais dinheiro possa melhorar a avaliação de vida, ele não traz melhorias substanciais na felicidade emocional diária após certo ponto.

   Estudo de Killingsworth (2021): Matthew Killingsworth realizou uma pesquisa que desafiou, em parte, os achados anteriores. Ele observou que a satisfação com a vida continuava a aumentar com rendas mais altas, embora a relação com felicidade emocional ainda mostrasse uma diminuição de ganho após um certo ponto. No entanto, ele concordou que o impacto emocional de mais dinheiro diminui com o tempo e a quantidade de riqueza.

   Estudo de Jebb *et al.* (2018): Este estudo, publicado pela *Nature Human Behaviour*, analisou dados de mais de 1,7 milhão de pessoas em 164 países e encontrou um "limiar de saciedade" em relação à renda e ao bem-estar. Globalmente, a renda ideal para a satisfação com a vida era de cerca de US$ 95 mil dólares por ano, e para bem-estar emocional estava em torno de US$ 60 mil a US$ 75 mil por ano, dependendo da região do mundo.

Estudos de Richard Easterlin (Paradoxo de Easterlin): Desde a década de 1970, Richard Easterlin vem investigando a relação entre renda e felicidade. Seu trabalho sugere que, apesar de o aumento da renda elevar a satisfação no curto prazo, no longo prazo, os ganhos financeiros adicionais têm um impacto cada vez menor na felicidade. Isso ficou conhecido como o "Paradoxo de Easterlin".

Esses estudos indicam que, a partir de uma determinada renda, a busca por mais dinheiro não necessariamente trará mais felicidade, e outros fatores como relacionamentos, saúde e propósito de vida ganham maior importância.

5. Experimento clássico sobre o efeito placebo, realizado por investigadores da Escola de Medicina de Harvard, liderado por Dan Ariely, um renomado psicólogo e economista comportamental. A referência completa para o estudo é: WABER, R. L.; SHIV, B.; CARMON, Z.; & ARIELY, D. (2008). "Commercial Features of Placebo and Therapeutic Efficacy." *Journal of the American Medical Association*, 299(9), pp. 1016-1017.

6. Fonte: Reportagem do *Estado de S. Paulo*, de 8 de setembro de 2022,, que traz a Pesquisa Nacional da Cesta Básica de Alimentos – Dieese.

7. Bauman, Zygmunt. *Vida para Consumo: A Transformação das Pessoas em Mercadoria*. Rio de Janeiro: Zahar, 2008. p. 85.

8. Maffesoli, Michel. *O Tempo das Tribos: O Declínio do Individualismo nas Sociedades de Massa*. Rio de Janeiro: Forense Universitária, 2006. p. 112.

9. Gun, Murilo. "E se for sobre evoluir e não sobre crescer?" Disponível em: https://www.murilogun.com.br. Acesso em: 11 out. 2024.

10. Kasser, T.; Ryan, R. M. "The Psychological Consequences of Material Wealth: A Cross-Cultural Study." *Journal of Cross-Cultural Psychology*, v. 35, n. 2, 2004. pp. 238-251.

11. Para saber mais sobre Buffet: HAGSTROM, Robert G. *O Jeito Warren Buffett de Investir: Os Segredos do Maior Investidor do Mundo*. São Paulo: Benvirá, 2019.

12. Rath, Tom; Harter, Jim. *O Fator Bem-Estar: Os Cinco Elementos Essenciais para Uma Vida Pessoal e Profissional de Qualidade*. São Paulo: Saraiva, 2010.

LEITURAS RECOMENDADAS

Ariely, Dan. *A Psicologia do Dinheiro*. Rio de Janeiro: Sextante, 2020.

Bauman, Zygmund. *Amor Líquido: Sobre a Fragilidade dos Laços Humanos*. São Paulo: Zahar, 2021.

Bauman, Zygmunt. *Vida para Consumo: A Transformação das Pessoas em Mercadoria*. Rio de Janeiro: Zahar, 2008.

Dunn, Elizabeth; Norton, Michael. *Dinheiro Feliz: A Arte de Gastar com Inteligência*. São Paulo: JSN, 2014.

Han, Byung-Chul. *A Sociedade do Cansaço*. Petrópolis: Vozes, 2017.

Harned, Melanie S. *Tratando Trauma com a Terapia Comportamental Dialética: Protocolo de Exposição Prolongada em Dbt*. Novo Hamburgo: Synopsis Editora, 2023.

Honda, Ken. *Dinheiro Feliz: A Arte Japonesa de Fazer as Pazes com o seu Dinheiro*. Rio de Janeiro: Sextante, 2020.

Housel, Morgan. *A Psicologia Financeira: Lições Eternas sobre Riqueza, Ganância e Felicidade*. São Paulo: HarperCollins, 2021.

Kahneman, Daniel. *Rápido e Devagar: Duas Formas de Pensar*. Rio de Janeiro: Objetiva, 2012.

Klontz, Brad; Klontz, Ted. *A Mente Acima do Dinheiro: O Impacto das Emoções em sua Vida Financeira*. São Paulo: Figurati, 2011.

Lambke, Anna. *Nação Dopamina: Porque o Excesso de Prazer Está nos Deixando Infelizes e o que Podemos Fazer para Mudar*. Belo Horizonte: Vestígio, 2022.

Masuno, Shunmyo. *Zen – A Arte de Viver com Simplicidade*. Rio de Janeiro: Fontanar, 2019.

Mirandola, Pico della. *Discurso sobre a Dignidade do Homem*. Belo Horizonte: Âyiné, 2021.

Raworth, Kate. *Economia Donut: Uma Alternativa ao Crescimento a Qualquer Custo*. Rio de Janeiro: Zahar, 2019.

Ruiz Jr., Don Miguel. *Os Cinco Níveis do Apego: A Sabedoria Tolteca para o Mundo Moderno*. Rio de Janeiro: BestSeller, 2022.

Sandberg, Sheryl; Grant, Adam. *Plano B: Como Encarar a Adversidade, Desenvolver Resiliência e Encontrar a Felicidade*. Rio de Janeiro: Fontanar, 2017.

Schulz, Marc; Waldinger, Robert. *Uma Boa Vida: Como Viver com Mais Significado e Realização*. Rio de Janeiro: Sextante, 2023.

Thaler, Richard H.; Sunstein, Cass R. *Nudge: Como Tomar Melhores Decisões sobre Saúde, Dinheiro e Felicidade*. Rio de Janeiro: Objetiva, 2009.

Ware, Bronnie. *Antes De Partir: Os 5 Principais Arrependimentos Que as Pessoas Têm Antes de Morrer.* São Paulo: Geração Editorial, 2017.

Zaltman, Gerald. *Afinal, o que os Clientes Querem? O Que os Consumidores Não Contam e os Concorrentes Não Sabem.* Rio de Janeiro: Elsevier, 2003.

AGRADECIMENTOS FINAIS

E por falar em relações, quero dedicar um espaço maior para algumas pessoas em específico, e como a relação com elas torna a minha relação comigo, com a vida e com o mundo, muito melhor.

Mãe, palavras não caberiam, então quero agradecer especificamente por você ter ensinado – através do seu exemplo – a não me importar com julgamentos. "Se te faz feliz, faça". E por todas as vezes que tropecei, ao invés de dizer "eu avisei", você disse "tudo bem, estou aqui". Nada no mundo vale mais que isso.

Tem aquele que diz "vem", a qualquer hora que eu me sinto só: meu irmão de sangue. Rafa, te amo.

E aquela que me cura de coisa que nem foi ela quem quebrou. Lina, amo nosso encontro de almas. Quando estou com você, eu gosto mais de mim. Obrigada.

Tem as que estavam comigo no episódio da mala roubada. Com elas eu me sinto segura. Obrigada, Joana e Fabi, por seguirmos juntas nas tantas fases e transmutações individuais que passamos.

O Gauss tem a chave da minha casa e isso diz tudo. Obrigada amigo pela companhia, sempre tão presente e por me ouvir com tanta atenção.

Rafa Maretti, fundador da Base, que me transformou, virou minha segunda casa e me presenteou com pessoas maravilhosas. Obrigada por ajudar a acreditar neste mundo bonito que você constrói todos os dias! Conheçam a @basecolaborativa

Foram 5 anos escrevendo, numa era de livros prontos em 2 horas com IA. Para trazer algo novo e desconstruir a ideia de "controle, disciplina e organização", precisei escrever linha por linha. Então, ao Adilson – editor – e Bárbara – revisora – que, assim como eu, se debruçaram em cada palavra deste livro: muito obrigada a vocês e a todo o Grupo Pensamento.

Cindy e Maria: minha linguagem do amor é tempo de qualidade e dedicarem o tempo precioso para ler algo meu, foi das coisas mais bonitas que já ganhei. Muito do que sou hoje tem um tanto de vocês também. Obrigada, por esse tanto, que é gigante!

Professora Ridalva, com você eu aprendi a escrever. Ainda lembro do cheiro daquela sala de aula e da alegria de ganhar adesivos de estrelinhas ou corações no caderno. Nada traduziria em palavras o tamanho da gratidão que eu sinto. Te levarei para sempre comigo, dentro do coração.

Pai, sinto sua falta todos os dias. E a cada dia, só cresce o amor que sinto por você. Termino por aqui este livro, com lágrimas nos olhos e a certeza de que você está sempre comigo, seja onde for.